MW01228868

COCINA ESPAÑOLA

COCINA ESPAÑOLA

JOAN COLL

EDITORIAL ATLANTIDA
BUENOS AIRES • MEXICO • SANTIAGO DE CHILE

Producción general
Aurora Giribaldi

Supervisión
Alicia Rovegno

Diseño de tapa
Alina Talavera

Diseño de interior y supervisión de arte
Claudia Bertucelli

Producción fotográfica
Graciela Boldarin

Fotos
Alfredo Willimburgh y Archivo Atlántida

Producción industrial
Fernando Diz

Composición
Gabriel Castro

Preimpresión
Erco S.R.L.

I.S.B.N. 950-08-2106-0

A MODO DE DEDICATORIA

Como herencia de mis cuatro abuelos recibí una cultura gastronómica matizada con influencias diversas, incluso opuestas. A través de mi padre catalán conocí la comida de la gran ciudad, y por el lado de mi madre mallorquina probé los antiguos sabores del campo. Así nació mi pasión por la cocina, que tomó vuelo cuando me relacioné con maestros renovadores: entre los franceses, el talentoso Michel Guerard y los activos Jean y Pierre Troisgos; entre los españoles, el personalísimo Pedro Subijana.

Junto a mi esposa argentina, María Cristina Bonora, aprendí a amar este bello país, donde continué avanzando gracias al apoyo incansable que ella me brinda en todo lo que emprendo. Además de trabajar en importantes cocinas de Buenos Aires y de varios centros turísticos, pude inaugurar mi querido restaurante y desempeñarme en la docencia.

Ernesto Sandler me dio la oportunidad de formar parte del dinámico equipo de Utilísima y mostrar mis recetas a un público que constantemente me demuestra su entusiasmo y su cariño.

A las muchas satisfacciones que recibí a lo largo de mi trayectoria se suma ahora la de publicar este libro con el que quiero ofrecer un panorama de la riqueza culinaria de mi tierra. Agradezco de corazón a la gente que he mencionado en estas líneas y a ustedes, amigos lectores, con la esperanza de que les guste este trabajo realizado con honestidad y esfuerzo.

Les pido a todos que compartan, pues, mi afectuosa dedicatoria.

.

PARA ENTENDERNOS MEJOR

A LA ESPAÑOLA
Forma de cortar las papas en rodajas de 3 ó 4 mm de grosor.

BEURRE MANIE
Manteca trabajada con harina en partes iguales.

BUTIFARRA
Embutido catalán. La blanca se elabora solamente con carne de cerdo; la negra lleva también sangre de cerdo, y a eso se debe su color oscuro.

CAVA
Vino espumante español, de personalidad muy definida. En virtud de la legislación que consagra las "denominaciones de origen" (o sea, referidas al lugar donde se cultivan las uvas y se elabora el vino), el único espumante que tiene derecho a ostentar el nombre francés *champagne* es el que procede de la zona francesa de Champagne. España eligió el término "cava" para identificar a su vino espumante, mientras que el que se hace en otros países de habla hispana (como la Argentina) debe llamarse champaña.

CONCASSÉ
Forma de cortar los tomates en cuadraditos.

DESGLASAR
Disolver los jugos caramelizados que quedan adheridos al fondo de un recipiente después de una cocción. Esto se logra agregando líquido (por lo general, vino) y raspando con cuchara de madera, con el recipiente sobre el fuego.

EMINCÉ
Forma de cortar los ajos en tajaditas finas.

FUET
Embutido catalán.

GUINDILLA
Ají picante pequeño, de color rojo o verde. Si no se consigue guindilla fresca se puede usar seca, remojándola en agua para que se hidrate.

MAJADA

Pasta, por lo general a base de ajo, perejil y a veces también almendras, que se usa como complemento de muchas preparaciones, incorporándola casi al final. Su nombre deriva del verbo majar, que significa "machacar en el mortero", pero puede hacerse en procesadora o licuadora para simplificar la tarea.

MIREPOIX

Forma de cortar las hortalizas en cuadraditos.

PICADA

Es similar a la majada, pero los ingredientes no se trituran tan finamente y, por lo tanto, no llegan a formar una pasta.

PIQUILLOS

Pimientos carnosos con forma de corazón, muy parecidos a los de Calahorra, pero algo más picantes.

POCHAR

Cocinar un alimento en un líquido, que puede ser agua, caldo, vino o una combinación de dos.

PRIMER HUMO

Punto de calentamiento del aceite que se reconoce cuando del centro del recipiente empieza a levantarse un fino hilo de humo blanco.

SETAS Y HONGOS

La diferencia entre estos términos radica en que las setas nacen en el suelo de campos y bosques, mientras que los hongos crecen en los troncos de los árboles o se cultivan en criaderos.

SOBRASADA

Embutido de cerdo que contiene una elevada proporción de pimentón y puede consumirse crudo, ya sea en rodajas o untado.

SOFRITO

Resultado de freír ligeramente una combinación de ajo, perejil, cebolla común o de verdeo y eventualmente otras hortalizas. Se emplea como base de diversas preparaciones.

TAPAS

Preparaciones que se sirven a modo de picada (por eso no se indica el número de porciones en las recetas del capítulo correspondiente).

PARA DISFRUTAR LOS DONES DEL MAR

CÓMO DESALAR EL BACALAO

Remojar el bacalao durante 48 horas, cambiando el agua varias veces. Sacarle las espinas y la piel. Pasarlo un minuto por agua hirviendo. Escurrirlo y usarlo como indique la receta elegida.

COCCIÓN DEL PULPO

Hay una gran y eterna discusión sobre la cocción de los pulpos. Existen distintos métodos y seguramente algunos tienen un buen resultado final. Yo les voy a dar la versión que siempre conocí y que me enseñaron los que saben.

Tengo que contar primero que los pulpos son cefalópodos octópodos y que los más grandes tienen tentáculos de hasta 5 metros. Viven en los fondos pedregosos y costas rocosas, lo que les permite camuflarse cambiando el color de su piel para mimetizarse con su entorno.

En Galicia, donde los pulpos se consiguen frescos, las "pulperas" antes de venderlos los golpean para romper sus articulaciones; pegarles es bueno para evitar que su carne retráctil se endurezca al cocinarse.

Como en la Argentina no hay pulpos, tenemos que surtirnos de Chile o España. Yo, particularmente, prefiero los pulpos de procedencia española. Puede que no sean capturados en las costas de ese país, ya que allí quedan pocos y la gran demanda obliga a buscarlos en aguas de Mauritania o Marruecos; pero parecería que los barcos muy especializados en estas lides los tratan mejor. Empleemos, pues, pulpos congelados de origen español, que llegan en mejores condiciones.

Sugiero escoger uno de entre 3 y 4 kilos; cuando alcanzan este peso están en su madurez y son perfectos. Conviene dejarlo dentro de la heladera todo el tiempo necesario para que se descongele por completo.

Para su cocción, después de haber "masajeado" los tentáculos, tener agua a punto de hervor, ligeramente salada. Sostener el pulpo con pinzas o con una cuchara de madera introducida en la cavidad de la cabeza. Sumergirlo en el agua sin soltarlo. Al cabo de 1 minuto veremos que se empieza a contraer; entonces hay que sacarlo. Volver a sumergirlo y repetir la operación 3 veces. Con esta técnica se logra que el pulpo se contraiga despacio y su carne no quede dura. Contar después entre 40 y 60 minutos por pulpo de 3 a 4 kilos. Para asegurarse de que esté tierno aconsejo tocarlo. Muy importante: dejarlo enfriar en el agua de la cocción.

Sacar el pulpo, separar la cabeza (que puede servir para enriquecer fondos de pescados y mariscos) y cortar los tentáculos en trozos regulares y al sesgo, dejándolo listo para la preparación elegida.

Limpieza de los langostinos

Separar las cabezas de los cuerpos. Pelar los cuerpos quitando las cáscaras, que junto con las cabezas pueden guardarse para hacer un rico caldo. Extraer la vena negra que asoma en la parte donde el cuerpo estaba unido a la cabeza, tomándola con ayuda de un papel absorbente para poder tirar de ella.

Modo de engañar a los caracoles

Aunque nos referimos a los caracoles de tierra, los incluimos entre los dones del mar porque suelen venderse en las pescaderías. Si se compran allí se pueden cocinar directamente, pero si se recogen en el campo hay que purgarlos. Ubicarlos sobre una rejilla y cubrirlos con una olla invertida u otro recipiente grande, para que no escapen. Espolvorearlos con harina o fécula mezclada con hierbas aromáticas; después de dos días de este tratamiento, dejarlos un día sin comer.

Colocarlos en una olla con abundante agua fría, sin sal. Tapar y llevar a fuego suave, para que el agua se caliente despacio. Esto engañará a los caracoles y los hará salir del caparazón, de manera que luego no dará trabajo sacarlos. Remover de tanto en tanto de abajo hacia arriba, hasta que todos los caracoles hayan salido del caparazón y ya no se muevan. Colarlos y reservarlos hasta el momento de usarlos en la preparación elegida.

Cómo obtener filetes de pescado

Conviene dividir esta explicación en cuatro tipos de pescados: planos, grandes, medianos y chicos.

Pescados planos (lenguado, rodaballo, raya): Generalmente tienen la espina central grande y las laterales muy largas, ya que deben sostener una estructura importante.

Marcar los filetes de la parte superior (lomo) y de la parte inferior (panza) haciendo una incisión con el cuchillo en todos los bordes del pescado. Introducir la punta del cuchillo en el borde abierto y raspar las espinas mientras se va levantando la carne del lomo con la otra mano hasta terminar de sacar todo el filete. Repetir la operación por la parte inferior.

Los mejores filetes de pescados planos son los del lomo, más gruesos que los de la panza.

Una vez obtenidos los filetes, sacarles la piel (salvo que la receta indique lo contrario). Este tratamiento es igual para todos los pescados. Disponer el filete sobre la mesada, con la cola hacia la izquierda. Hacer de ese lado una incisión con la punta de un cuchillo de hoja fina, cortando un pequeño trozo de carne pero no de piel. Sujetar con la mano izquierda la cola del filete. Deslizar el cuchillo raspando la piel y tirar con suavidad de ella hacia atrás al tiempo que se mueve el cuchillo lentamente hacia delante. Así el filete saldrá limpio y la piel quedará en la mano. Los zurdos deben trabajar disponiendo los filetes con la cola hacia la derecha.

Pescados grandes (salmón de 3-4 kilos): Primero descamar el pescado, cuidando que la piel quede entera. Si tuviera vísceras, eliminarlas sin romper la bolsa de hiel. Cortar con tijera las agallas y todas las aletas.

Acostar el pescado sobre uno de los lomos. Marcar con un cuchillo la división entre los lomos, tratando de que la espina central quede justo en el medio del corte. Introducir un cuchillo de hoja fina y raspar sobre las espinas, mientras con la otra mano se va levantando el filete. Repetir la operación del otro lado, con mucho cuidado porque estos filetes grandes pueden romperse si se manejan mal.

En el caso del salmón, después de sacarle la piel como se explicó en la página anterior, es necesario quitar pacientemente las espinas que quedan incrustadas en la carne de los filetes. Buscarlas con la punta de los dedos, tirar de ellas con una pinza de depilar y soltarlas dentro de un bol con agua tibia para que se desprendan fácilmente de la pinza.

Pescados medianos (besugo): Una vez descamado el pescado y ya sin agallas ni aletas, realizar el mismo trabajo que para los pescados grandes.

Es conveniente no sacarle la piel al besugo, para que la carne quede unida y no se desarme.

Pescados chicos (trillas): Descamar, cortar agallas y aletas y proceder igual que con los pescados grandes y medianos, trabajando cuidadosamente.

No sacar la piel pero sí las espinas, una por una.

Cocción de la langosta

Tener agua hirviendo saborizada con una rama de apio, algunos granos de pimienta y un atadillo aromático. Introducir la langosta y cocinarla durante 15 minutos por kilo.

Si la langosta está viva, antes de sumergirla en el agua caliente aconsejo aplicar un sistema muy sencillo que evita que la carne se endurezca. Consiste en "dormirla" frotándole suavemente la panza con un cepillo, para que se relaje y resulte tierna.

Entradas
frías

AMANIDA CATALANA
(ensalada catalana)

4 PORCIONES

INGREDIENTES

Morrones, 2

Cebolla, 1

Lechugas chicas, 600 gramos

Apio, 1 rama

Tomates, 4

Butifarras negras, 2

Aceitunas sin carozo, 2 verdes y 2 negras

Filetes de anchoas, 8

Sal

Aceto balsámico

Aceite de oliva

Pimienta recién molida

◎ Asar los morrones y cortarlos en tiras. Cortar la cebolla en rodajas finísimas y pasarlas por agua caliente. Limpiar bien las lechugas (usar fundamentalmente escarola). Dividir el apio en bastones de unos 5 cm y los tomates en rodajas finísimas. Cortar las butifarras en rodajas.

◎ Acomodar en los platos tiras de morrón, rodajas de cebolla, hojas de lechugas, bastones de apio y rodajas de tomates y butifarras, en ese orden. Disponer arriba las aceitunas y cruzar con los filetes de anchoas.

◎ Hacer la vinagreta poniendo en un jarrito primero la sal, luego el aceto balsámico y después el aceite. Pimentar, emulsionar y rociar la ensalada.

DE TIERRAS SOLEADAS

En Cataluña, esta ensalada típica se come todos los días. Se caracteriza por su frescura y por la gran cantidad de elementos que combina, desde anchoas hasta butifarra. Uno de sus componentes básicos es la lechuga tipo escarola, de mucho cultivo en la zona.

COCA CON TOMATES Y ANCHOAS

6 PORCIONES

INGREDIENTES

MASA

Harina, 1 kilo

Sal

Agua, 600 cc aprox.

Azúcar, 1 pizca

Levadura, 50 gramos

Aceite de oliva,

un buen chorrito

RELLENO

Tomates, 8

Filetes de anchoas, 24

Pimienta

MASA

◎ Formar una corona con la harina y espolvorearla con un poco de sal. Volcar en el centro el agua, con el azúcar y la levadura disueltas, y el aceite. Hacer la masa como si fuera una pizza. Dejar descansar y leudar.

◎ Estirar y cortar discos del tamaño de una sartén individual. Hacer con la mano un reborde que no sea uniforme. Practicar unas incisiones en la base.

◎ Aceitar la sartén con oliva y colocar dentro un disco de masa. Cocinar en horno mediano hasta que esté blanco. Repetir la operación con los otros discos (u hornear varios a la vez sobre una placa aceitada).

◎ Retirar y guardar en la heladera, bien tapados para que no se humedezcan.

RELLENO

◎ Cortar los tomates en rodajas finas. Disponerlas sobre la masa encimándolas parcialmente. Colocar arriba las anchoas, formando un enrejado decorativo. Sazonar con pimienta.

◎ Hornear hasta que el tomate esté blando, pero no quemado, y las anchoas todavía conserven su textura y entereza.

DE TIERRAS SOLEADAS

La coca, muy popular en Mallorca y Cataluña, es parienta de la pizza.

COCA CON VERDURAS

6 PORCIONES

INGREDIENTES

MASA

Igual que la de página 18
Almendras, 100 gramos

RELLENO

Cebollas, 2

Zapallitos largos, 2

Aceite de oliva

Butifarra negra

Morrones, 2

Sal y pimienta

MASA

◎ Seguir el procedimiento indicado en la otra receta. Al retirar los discos del horno esparcir arriba las almendras tostadas y picadas.

RELLENO

◎ Cortar en rodajas las cebollas y los zapallitos, saltear ambos en aceite de oliva y escurrirlos. Cortar la butifarra en rodajas y quitar la piel. Asar los morrones, pelarlos y cortarlos en tiras gruesas.

◎ Disponer sobre la masa capas de cebollas, zapallitos y butifarra, nuevamente cebollas y zapallitos y por último los morrones, formando un enrejado. Rociar con aceite de oliva y salpimentar.

◎ Llevar al horno unos 8 minutos, aproximadamente. La masa debe quedar crocante.

◎ Servir en seguida.

ENTRE NOS

Este genial invento de disponer ingredientes diversos sobre una masa de levadura demuestra que la cocina mallorquina es muy imaginativa, aunque no ha trascendido tanto como la italiana.

ESCABECHE DE PESCADO

INGREDIENTES

Pescado (bonito, salmonetes, etc.), 1,300 kilo

Harina

Aceite, 3 cucharadas

Limón, 4 rodajas

Perejil, unas ramitas

Laurel, 4 hojas

Zanahoria, 1

Alcauciles, 4

Ajo, 8 dientes

Sal

Pimentón

Agua, 1 cucharada

Vinagre, 2 cucharadas

Vino blanco, 2 cucharadas

◎ Limpiar y trozar el pescado. Enharinarlo ligeramente y freírlo en el aceite. Colocarlo en una cazuela de barro, junto con las rodajas de limón, el perejil y el laurel.

◎ Cortar la zanahoria en fina juliana. Limpiar los alcauciles y filetearlos.

◎ Freír los ajos. Añadir las verduras, salar y espolvorear con pimentón. Agregar el agua, el vinagre y el vino. Dar un hervor a fuego lento y dejar enfriar.

◎ Verter encima del pescado, cubriéndolo con el líquido.

◎ Estacionar unos días en la heladera antes de consumir.

DE TIERRAS SOLEADAS

El escabeche es un sabroso modo de conservar alimentos. En épocas remotas los catalanes aprendimos de los romanos la forma de prepararlo.

Escalivada

INGREDIENTES

Ajíes verdes, 2

Morrones, 2

Berenjenas, 2

Cebollas, 2

Aceite de oliva

Sal y pimienta

Ajo

◎ Limpiar bien los ajíes, los morrones, las berenjenas y las cebollas, sin pelar.

◎ Untar todas las verduras con aceite de oliva y asarlas a la plancha, parrilla u horno, dándolas vuelta hasta que la cáscara se separe de la pulpa. Tener en cuenta que las cebollas tardarán más.

◎ Pelarlas, dejarlas enfriar y cortarlas en tiras de 1 cm de ancho por 10 cm de largo aproximadamente.

◎ Condimentar con sal, pimienta, aceite de oliva y una punta de ajo finamente picado.

◎ Servir sola, como entrada, o con carnes, como guarnición.

◎ Es ideal en verano, cuando los morrones están más carnosos.

PALABRA DE CHEF

Escalivar *significa asar al rescoldo o a la plancha los ingredientes que componen esta receta típica catalana. Tiene muchas aplicaciones, incluso hacer una terrina, pero como más me gusta es en su condición de ensalada.*

ENSALADA MALLORQUINA

◎ Cortar las cebollas en rodajas finísimas y pasarlas por agua caliente. Cortar en rodajas finas los tomates (con piel y semillas) y los ajíes (eliminando las semillas y las partes blancas). Sacarles el corazón a las manzanas o peras, cortarlas también en rodajas finas y rociarlas con el jugo de limón.

◎ Disponer en una fuente plana las cebollas, los tomates, los ajíes y las manzanas o peras, en ese orden. Rociar con aceite de oliva y sazonar con algo de sal.

◎ Dejar reposar en la heladera o en un lugar fresco 1 hora antes de servir.

ESQUEIXADA

◎ Cortar la cebolla en aros muy finos y pasarlos por agua hirviendo. Cortar de la misma manera el ají, el morrón y los tomates (con piel y semillas). Deshilachar el bacalao.

◎ Distribuir en los platos los tomates, la cebolla, el ají, el morrón y el bacalao, en ese orden. Rociar con vinagre y aceite. Sazonar con pimienta y algo de sal. Colocar en el centro las aceitunas descarozadas, buscando el juego de los colores.

GARUM

10 PORCIONES

INGREDIENTES

Filetes de anchoas, 16

Aceitunas negras,
500 gramos

Ajo, 2 dientes

Alcaparras, 100 gramos

Perejil, 2 cucharadas

Romero, 1 cucharada

Tomillo, 1 cucharada

Yemas de huevos duros, 2

Mostaza, 1 cucharadita

Pimienta

Aceite de oliva, 125 cc

◎ Emplear anchoas en sal (no en aceite). Sumergirlas en agua durante 1 hora para desalarlas. Quitarles las espinas.

◎ Picar las aceitunas, los ajos, las alcaparras y las hierbas.

◎ Hacer un puré con todos los ingredientes, para obtener una pasta.

◎ Servir con tostaditas.

◎ Si se usa para untar canapés, rinde 50 unidades.

PALABRA DE CHEF

En esta receta antiquísima se utilizan anchoas en sal, ejemplo de uno de los primeros métodos que aplicó el hombre para conservar vituallas. Originariamente el garum se hacía con pescado secado al sol y se usaba como condimento.

Gazpacho andaluz

INGREDIENTES

Ají verde, 1

Morrón, 1

Tomates grandes, 6

Pepino grande, 1

Cebolla grande, ½

Pan de salvado o centeno,
3 rebanadas

Ajo, 2 dientes

Aceite de oliva, 50 cc

Vinagre de vino tinto,
1 cucharada

Tabasco, 2 gotas

Sal y pimienta

◎ Quitarles las semillas al ají y al morrón y cortarlos en dados. Pelar los tomates y el pepino y retirarles las semillas. Cortar la cebolla en cubitos. Remojar en agua una rebanada de pan.

◎ Poner en la licuadora ¾ partes de ají y morrón, 5 tomates, ¾ partes del pepino y la mitad de la cebolla; reservar el resto de cada ingrediente. Incorporar el pan remojado, 1 diente de ajo, 30 cc de aceite de oliva, el vinagre, el tabasco, sal y pimienta.

◎ Licuar todo bien. Si fuera necesario, aligerar con un poco de agua para lograr una consistencia de crema espesa. Guardar en la heladera por lo menos 2 horas antes de servir.

◎ Freír las otras rebanadas de pan en el resto del aceite, por ambos lados. Cuando todavía estén calientes frotarlas con el otro diente de ajo y cortarlas en cubos.

◎ Rectificar la sazón del gazpacho antes de servirlo, con los vegetales reservados y los cubos de pan como complemento.

DE TIERRAS SOLEADAS

Esta especialidad antiquísima, de origen árabe, tomó carta de ciudadanía en el sur de España, más precisamente en Andalucía. Cuando los hombres iban a la era (es decir, se ocupaban de segar, recoger y moler el trigo) llevaban en botas de pico ancho una mezcla de verduras que las mujeres habían preparado la noche anterior, agregándole vinagre para que no se echara a perder. La dejaban a la sombra, debajo de una higuera o en un riachuelo, para poder tomarla fría al mediodía. De esta manera los campesinos recuperaban energías para continuar con su tarea bajo el fuerte sol del verano.

PAN CON TOMATE Y VARIANTES

◉ La filosofía de este manjar es de lo más simple: lleva como base una tajada de pan de campo, tostada por ambos lados; para que quede crujiente por fuera y tierna por dentro debe tener un espesor de 1 y ½ a 2 cm. De ahí en más se desarrollan todas las recetas de pan con... Evidentemente en la historia lo primero fue el *pa amb tomaquet* (pan con tomate) y sucesivamente se le fueron incorporando otros ingredientes. Es fundamental tostar el pan en el momento y fregarlo con el tomate cuando aún esté caliente.

PAN CON TOMATE

◉ Tostar el pan según el procedimiento anterior. Salarlo, untarlo con un buen aceite de oliva y fregarlo en seguida con tomate rallado, sin la piel, pero con las semillas.

◉ Volver a salar, rociar con un chorro de aceite y servir.

PAN CON TOMATE Y JAMÓN

◉ Añadir unas buenas lonjas de jamón crudo.

PAN CON TOMATE Y ANCHOAS

◉ Colocar anchoas en aceite sobre el tomate.

PAN CON TOMATE Y *ESCALIVADA*

◉ Incorporar sobre el pan con tomate una generosa cantidad de escalivada ya condimentada.

PAN CON ACEITE

◉ Para el *pa amb oli*, receta más mallorquina pero con mucha raigambre en Cataluña, proceder con el pan en la forma indicada. Frotar o no con un diente de ajo. Salar, untar con aceite de oliva y servir.

Pan mediterráneo relleno

INGREDIENTES

PREMASA
Levadura, 150 gramos

Harina, 600 gramos

Agua, 100 cc aprox.

MASA
Levadura, 10 gramos

Harina 000, 1 kilo

Salvado de trigo,
175 gramos

Premasa, 800 gramos

Sal

Agua, 900 cc aprox.

RELLENO
Tomates perita

Pepinos

Ajíes verdes

Cebolla colorada

Bonito en aceite

Filetes de anchoas

Habas

Ajo

Aceto balsámico

Aceite de oliva

Sal

Pimienta negra

Albahaca

Huevos duros

Aceitunas negras

PREMASA
◉ Humedecer la levadura con agua tibia. Incorporarla a la harina. Agregar el agua, revolviendo. Hacer un bollo y dejar descansar 24 horas.

MASA
◉ Hidratar la levadura en agua tibia. Unir todos los ingredientes, incluida la premasa, y amasar con amasadora. Dejar leudar 1 y 1/2 hora, amasando cada 1/2 hora para interrumpir el leudado.

◉ Hacer bollitos de unos 150 gramos. Ubicarlos sobre una placa untada con aceite de oliva. Dejarlos leudar otra vez.

◉ Hornear a temperatura muy alta durante 10 minutos y luego a temperatura moderada hasta que se terminen de cocinar. Poner una fuente con agua en el piso del horno, para humidificar.

◉ Retirar los panes y dejarlos enfriar sobre rejilla.

RELLENO
◉ Las cantidades varían según el gusto de cada uno. Cortar los tomates en gajos, dejarlos unos 10 minutos con sal y enjuagarlos. Pelar los pepinos y los ajíes y cortarlos en juliana. Cortar la cebolla por el medio y luego en rodajas. Escurrir el bonito del aceite. Picar algunas anchoas (dejar otras enteras para decorar). Pelar las habas. Mezclar todo.

◉ Vaciar los panes, guardando los sombreros. Esparcir en el interior el ajo picado muy menudo. Rociar con aceto balsámico y aceite de oliva.

◉ Aliñar el relleno con sal, pimienta negra y aceite. Disponerlo dentro de los panes. Colocar arriba anchoas, hojas de albahaca, cuartos de huevos duros y aceitunas. Cubrir parcialmente con el sombrero y servir.

Pulpo a la feira

2 PORCIONES

INGREDIENTES

Pulpo cocido, 600 gramos

Aceite de oliva, 100 cc

Sal gruesa

Pimentón dulce,
1/2 cucharadita

Pimentón picante,
1/2 cucharadita

⊚ Mezclar el pulpo en un bol con el aceite de oliva y sal gruesa.

⊚ Condimentar con los pimentones.

⊚ Distribuir en los platos y llevar a la mesa.

Xató

4 PORCIONES

INGREDIENTES

Bacalao desalado,
250 gramos

Atún, 200 gramos

Salsa romesco,
100 gramos (página 80)

Aceite de oliva,
2 cucharadas

Corazones de escarola,
200 gramos

Sal y pimienta

Filetes de anchoas, 10

⊚ Aprovechar bacalao que haya sobrado de otros platos. Emplear un buen atún de lata, escurrido. Desmenuzarlos y reservarlos.

⊚ Disponer en un bol la salsa romesco; diluirla con el aceite de oliva empleando un batidor.

⊚ Dividir los corazones de escarola en 4 trozos y mezclarlos con la romesco, revolviendo con cuidado. Añadir el bacalao y el atún. Mezclar bien. Condimentar con pimienta a gusto y poca sal.

⊚ Disponer el *xató* en una fuente o en los platos. Adornar con las anchoas y servir.

Entradas
calientes

ALMEJAS A LA MARINERA
(mi forma de prepararlas)

1 PORCIÓN

INGREDIENTES

Aceite de oliva,
2 cucharadas

Ajo, 1/2 diente

Almejas vivas, 12-14

Sal y pimienta

Harina, 1/2 cucharada

Vino blanco, 75 cc

Salsa de tomates, 200 cc
(página 189)

Tomates, 150 gramos

Fumet de pescado
(página 173)

Perejil

◎ Calentar el aceite de oliva en una cacerola alta. Incorporar el ajo picado y freírlo ligeramente.

◎ Agregar las almejas y dar unas vueltas como para freírlas. Salpimentar por arriba de las valvas. Espolvorear con la harina y revolver para que las valvas se impregnen bien. Verter el vino y reducir dejando que se evapore el alcohol.

◎ Añadir la salsa de tomates, tapar y llevar a hervor. Al cabo de un minuto se irán abriendo las valvas de las almejas y habrá que sacarlas en seguida para que se mantengan firmes.

◎ Cuando todas se hayan abierto y retirado, incorporar a la cacerola los tomates *concassé* y un poco de fumet de pescado. Llevar a hervor nuevamente la salsa y rectificar la sazón.

◎ Incorporar las almejas con sus valvas, sólo para que se calienten.

◎ Espolvorear con perejil picado y servir en fuente honda.

PALABRA DE CHEF

Este plato se tiene que preparar de a una porción, pues en mayor cantidad no se puede trabajar adecuadamente. Su atractivo reside en mojar las almejas en la salsa, que es riquísima.

ALMEJAS A LA PLANCHA CON GUINDILLA

1 PORCIÓN

INGREDIENTES

Almejas, 14

Ajo, 1 diente

Aceite de oliva

Guindilla, 1

Jugo de limón

◉ Pasar por agua las almejas. Calentarlas a la plancha hasta que se abran. Mantenerlas calientes.

◉ Para la salsa, picar el ajo y freírlo en una sartén con aceite de oliva. Añadir la guindilla en trocitos y rociar con jugo de limón.

◉ Verter la salsa sobre las almejas y servir.

◉ Acompañar con ensalada de lechuga en la base y rodajas de tomate arriba, aderezada con oliva y sal, sin pimienta ni vinagre.

ANGULAS AL AJILLO

4 PORCIONES

INGREDIENTES

Guindilla, 1 trozo

Ajo, 4 dientes gordos

Aceite de oliva, 300 cc

Angulas, 500 gramos

Sal y pimienta

◉ Calentar sobre llama directa una cazuela de barro que resista ese procedimiento. Incorporar la guindilla y, con ayuda de un tenedor de madera, frotar con ella el fondo y las paredes de la cazuela, para que se impregnen de su sabor.

◉ Añadir los ajos cortados en rodajitas y el aceite de oliva. Freír sin dorar demasiado el ajo.

◉ Agregar las angulas escurridas, controlando que la temperatura del aceite no baje del punto de fritura. Revolver 1 minuto con tenedor o cuchara de madera, salpimentar y tapar la cazuela, para que el contenido llegue muy caliente a la mesa.

DE TIERRAS SOLEADAS

Sobre las angulas hay que decir que las mejores del mundo son las de las rías gallegas y las de Aguinaga, en el país vasco. Las que se consiguen habitualmente en la Argentina son de procedencia chilena. Esta preparación se puede hacer con cualquiera de ellas, descongeladas y bien escurridas.

BERENJENAS RELLENAS CON VERDURAS, PASAS Y PIÑONES

INGREDIENTES

Berenjenas, 1 kilo

Acelga, 1 atado

Espinaca, 1 atado

Habas peladas,
500 gramos

Arvejas, 500 gramos

Coliflor, 100 gramos

Huevos, 5

Pasas de uva, 100 gramos

Piñones, 50 gramos

Sal y pimienta

Canela, 1 pizca

Queso rallado

Pan rallado

Aceite de oliva, 100 cc

◉ Hervir las berenjenas en agua con sal hasta que estén tiernas. Escurrirlas, extraer la pulpa y reservar las cáscaras.

◉ Hervir 5 minutos las otras verduras. Picarlas junto con la pulpa de las berenjenas. Añadir los huevos, las pasas y los piñones. Condimentar con sal, pimienta y canela.

◉ Rellenar las cáscaras de las berenjenas y colocarlas en una asadera aceitada. Cubrirlas con queso y pan rallados. Verter un chorro de aceite por encima.

◉ Hornear de 15 a 20 minutos a temperatura alta.

ENTRE NOS

Si se emplean habas frescas (sin las vainas), echarlas en una cacerola con agua hirviendo y cocinarlas unos 6 minutos; enfriarlas rápidamente y pelarlas. Las congeladas se pueden pelar sin necesidad de blanquearlas.

BUTIFARRA CON HABAS A LA CATALANA

4 PORCIONES

INGREDIENTES

Berenjena, 1/4

Ají verde, 1/4

Morrón, 1/4

Zapallito largo, 1/4

Aceite de oliva

Sal y pimienta

Ajo, 1 diente

Jamón crudo, 100 gramos

Habas peladas,

600 gramos

Tomates perita, 4

Pimentón dulce,

1/2 cucharada

Manteca, 1 cucharada

Menta fresca,

unas hojitas

Butifarras, 4

○ Hacer un fondo cortando en cubitos muy chicos la berenjena, el ají, el morrón y el zapallito (con piel). Rehogar todo junto en una ollita con aceite de oliva hasta tiernizar. Salpimentar y reservar.

○ En una sartén, también con aceite de oliva, saltear vivamente el ajo picado, el fondo de verduras, el jamón en cubos y las habas. Agregar los tomates *concassé*. Condimentar con sal (poca, pues el jamón es salado), pimienta y pimentón dulce. Si quedara muy seco, añadir un poco de caldo. Incorporar la manteca y ligar. Perfumar con la menta en juliana y sartenear para que se integre.

○ Mientras tanto asar a la plancha o al horno las butifarras, bien pinchadas para que no se rompa la piel.

○ Repartir la preparación de habas en los platos y colocar las butifarras al costado.

ENTRE NOS

El uso de productos de la huerta y de la granja constituye uno de los rasgos más interesantes de la cocina de mi país. En este contundente plato se destaca la presencia de las habas y la butifarra, junto con el sorprendente aroma de la menta. ¿Quién dijo que los catalanes no tenemos una cocina creativa?

CARACOLES DE LA PADRINA MERCÉ

1 PORCIÓN

INGREDIENTES

Caracoles ya "engañados", 15-20

Solomillo de cerdo, 200 gramos

Ajo, 1 cabeza

Tomate, 1

Aceite de oliva

Laurel, 1 hoja

Harina, 50 gramos

Sal y pimienta

Allioli, 2 tazas (página 185)

◉ Lavar los caracoles. Ponerlos en una olla con agua fría. Llevar al fuego hasta que hierva el agua. Bajar la llama y mantener 30 minutos más, con la olla destapada. Escurrirlos.

◉ Cortar el solomillo de cerdo en tiras. Separar los dientes de ajo, sin pelarlos. Pelar el tomate y quitarle las semillas.

◉ En una cazuela calentar un chorro de aceite. Saltear el solomillo y los ajos hasta dorar. Perfumar con el laurel. Incorporar los caracoles, la harina, el tomate, sal y pimienta. Remover y calentar 10 minutos.

◉ Gratinar 10 minutos más en el horno precalentado al máximo.

◉ Servir con el *allioli*.

PALABRA DE CHEF

Existe toda una cultura en torno de la recolección, limpieza y cocción de los caracoles. Se preparan de distintas maneras y son imperdibles. Los franceses prefieren los de cultivo, pero para mí los mejores son los silvestres, sobre todo si son grandes, como los que en Mallorca llaman boves.

CODORNICES A LA BILBAÍNA

INGREDIENTES

Codornices, 2

Sal y pimienta

Repollo blanco,

4 hojas grandes

Coñac, 1 copa

Caldo de carne, 100 cc

(página 174)

Pan lácteo, 2 rebanadas

Aceite de oliva, 50 cc

Ajo, 1 diente

◎ Flamear las codornices sobre la llama. Salpimentarlas por dentro y por fuera. Atarles las patitas. Envolver cada codorniz en 2 hojas de repollo.

◎ Disponer las codornices sobre una asadera aceitada y llevar a horno fuerte 8 minutos.

◎ Sacar del horno y ubicar sobre el fuego. Flamear con el coñac, añadir el caldo y volver al horno otros 8 minutos.

◎ Retirar las codornices, sacarles los hilos y las hojas. Partirlas por la mitad y acomodarlas en una fuente térmica.

◎ Colar la salsa que quedó en la asadera, rectificar la sazón y cubrir con ella las codornices. Llevar a horno fuerte 2 minutos.

◎ Freír las rebanadas de pan en el aceite y frotarlas con el ajo. Colocarlas en los platos. Poner una codorniz sobre cada rebanada, cubrir con salsa y servir.

DE TIERRAS SOLEADAS

Las aves chicas, como las codornices que se lucen en esta preparación, ocupan un lugar fundamental en la gastronomía española. Existen incluso recetas con tordos, pájaros que emigran desde el norte de Europa y en su vuelo hacia el África descansan en Cataluña y en las Baleares.

CODORNICES CON CARACOLES

INGREDIENTES

Caracoles ya "engañados", 1 kilo

Atadillo aromático, 1

Aceite, 2 cucharadas

Codornices, 6

Panceta, 200 gramos

Cebollas, 2

Ajo, 3 dientes

Laurel, 2 hojas

Sal y pimienta

Tomates, 4

Harina

Pimentón, 1 cucharadita

Butifarras negras, 3

Sobrasada, 200 gramos

Guindilla, 1

Allioli (página 185)

◎ Lavar varias veces los caracoles con sal y vinagre. Ponerlos en una olla con agua fría y llevar al fuego. Cuando llegue al primer hervor, tirar el agua. Repetir la operación, pero esta vez añadir el atadillo aromático y dejar hervir.

◎ Rehogar en el aceite las codornices limpias y la panceta cortada en cuadraditos. Cuando se doren, añadir las cebollas y los ajos picados. Perfumar con el laurel, salpimentar e incorporar los tomates en trozos. Espolvorear con harina y pimentón.

◎ Agregar los caracoles escurridos, las butifarras, la sobrasada y la guindilla. Cubrir con caldo de los caracoles. Cocinar a fuego lento hasta que las codornices estén tiernas.

◎ Servir con un poco de *allioli* aparte.

PALABRA DE CHEF

En la Argentina no está desarrollada la cultura del uso de aves pequeñas en platos importantes. Opino que conviene difundirla, dando a conocer creaciones que abarquen desde palomas hasta codornices.

HOJALDRE CON *PURRUSALDA* Y BACALAO

INGREDIENTES

Bacalao desalado,
250 gramos

Fumet de pescado, 750 cc
(página 173)

Aceite de oliva,
2 cucharadas

Ajo, 3 dientes

Blanco de puerros,
400 gramos

Papas, 400 gramos

Pimienta

Laurel, 1 hoja

Pimentón dulce,
1 cucharada

Sal

Hojaldre cocido,
4 rectángulos

◎ Cocinar el bacalao en 250 cc de fumet de pescado durante 7 minutos. Reservar el caldo. Desmenuzar el bacalao.

◎ En una cazuela con el aceite freír los ajos enteros, sin piel. Cuando tomen color, retirarlos. Rehogar los puerros en rodajitas y las papas en cubos, sin que lleguen a dorarse. Incorporar el bacalao y condimentar con pimienta y laurel. Verter el caldo de la cocción del bacalao y el fumet que aún no se había usado.

◎ Machacar los ajos en el mortero. Agregar el pimentón disuelto en un poco de caldo y volcar en la cazuela. Salar si es necesario. Cocinar alrededor de 30 minutos.

◎ Disponer en cada plato un rectángulo de hojaldre, caliente y partido por el medio. Distribuir la *purrusalda* sobre las mitades inferiores y tapar con las partes superiores (como si fuera un sándwich), dejando que rebase por los costados.

◎ Completar alrededor con tomate *concassé*, bien aliñado. Adornar con hojas verdes y servir.

PALABRA DE CHEF

Purrusalda *es un término vasco que significa "guiso de puerros".*

LANGOSTINOS CON ALBONDIGUILLAS

6 PORCIONES

INGREDIENTES

Carne magra de cerdo, 250 gramos

Carne de ternera, 250 gramos

Miga de pan lácteo, 100 gramos

Leche, 300 cc

Aceite de oliva, 300 cc

Jerez, 100 cc

Huevo, 1

Sal y pimienta

Harina, 50 gramos

Cebollas, 500 gramos

Orégano, 1 ramita

Laurel, 1 hoja

Clavo de olor, 1

Canela

Almendras, 50 gramos

Ajo y perejil

Langostinos chicos, limpios, 1 kilo

Coñac, 1 copa

Fumet de pescado (página 173)

◎ Hacer una masa con las dos carnes picadas, el pan remojado en la leche, el aceite, el jerez, el huevo, sal y pimienta. Formar albondiguillas, calculando cuatro por persona. Enharinarlas y freírlas en aceite de oliva.

◎ Picar las cebollas. Rehogarlas en aceite de oliva, junto con el orégano, el laurel, el clavo de olor y un toque de canela, en un recipiente tapado.
Hacer una picada con las almendras tostadas, ajo y perejil.

◎ Justo antes de servir, saltear los langostinos en oliva. Flamear con el coñac. Añadir las albondiguillas, la cebolla (sin los aromáticos) y algo de fumet. Al final incorporar la picada.

Brocheta de langostinos

1 PORCIÓN

Ingredientes

Langostinos crudos, limpios, 8

Panceta ahumada sin grasa, 8 lonjas finas

Aceite de oliva, 2 cucharadas

Pimienta negra de molinillo

⊚ Enrollar una lonja de panceta alrededor de cada langostino e insertarlos en la brocheta, cuidando que todos queden en la misma posición.

⊚ Asar sobre plancha lisa, rociando con 1 cucharada de aceite por cada lado. Dar solamente una vuelta y media.

⊚ Servir sobre arroz blanco o lechuga en juliana muy fina.

⊚ Espolvorear con dos vueltas de pimienta.

Ensalada caliente de mejillones al azafrán

2 PORCIONES

Ingredientes

Mejillones, 24

Azafrán en hebras, 1 papelito

Crema de leche, 50 gramos

Aceite de oliva, 2 cucharadas

Sal y pimienta

Lechuga, 4 hojas

Ciboulette, 4-6 hojitas

⊚ Cocer los mejillones, quitarles las valvas y mantenerlos calientes en su propia agua.

⊚ Preparar una infusión con el azafrán y 2 cucharadas del agua de cocción de los mejillones.

⊚ Batir ligeramente la crema. Añadir el aceite, la infusión de azafrán, sal y pimienta. Calentar suavemente esta salsa.

⊚ Pasar las hojas de lechuga por agua caliente. Disponerlas sobre platos entibiados. Acomodar sobre ellas los mejillones. Salpimentar y volcar encima la salsa tibia. Adornar con *ciboulette*.

Mejillones al vino blanco

INGREDIENTES

Mejillones vivos,
1,600 kilo

Aceite de oliva, 50 cc

Ajo, 2 dientes

Laurel, 4 hojas

Vino blanco, 200 cc

Velouté, 400 cc

Sal y pimienta

Perejil picado,
1 cucharada

◎ Limpiar los mejillones y descartar los que estuvieran abiertos.

◎ Disponer el aceite de oliva en una cazuela de borde alto. Añadir los ajos picados y cocinar sin dorar. Perfumar con el laurel.

◎ Incorporar los mejillones y revolver. Verter el vino y dejar evaporar el alcohol. Agregar la *velouté*, tapar y llevar a hervor suave. Los mejillones se irán abriendo con el calor, y el secreto está en sacarlos del fuego apenas abiertos.

◎ Salpimentar, espolvorear con el perejil y servir inmediatamente. Los mejillones van a quedar nadando en un líquido ligeramente espeso y bien verde.

VELOUTÉ

◎ Calentar en una cacerola 50 cc de aceite de oliva. Incorporar 80 gramos de harina, revolviendo sin cesar, como para hacer una base de salsa blanca. Cuando ligue, verter de a poco 1 litro de caldo hirviendo, siempre revolviendo, para que no queden grumos. Debe quedar una salsa algo espesa. No condimentar, ya que va a ser parte de otra preparación. Utilizar lo necesario y congelar el resto.

PALABRA DE CHEF

La combinación de productos de distintas procedencias (en este caso, mar y tierra) es un atractivo hallazgo culinario.

PAPAS RELLENAS

4 PORCIONES

INGREDIENTES

Carne magra de cerdo, 200 gramos

Carne de ternera sin grasa, 100 gramos

Carne de pollo sin piel, 200 gramos

Manteca, 150 gramos

Cebollas, 4

Atadillo aromático (tomillo, laurel, canela, orégano y puerro), 1

Tomates perita, 4

Jerez seco, 100 cc

Leche, 250 cc

Pan, 2 rebanadas

Sal y nuez moscada

Papas grandes, 4

Aceite de oliva

Harina

Clara

Caldo de carne (página 174)

Perejil

◎ Cortar las carnes en trozos no muy chicos. Dorarlas en una sartén con la manteca. Añadir las cebollas cortadas en rodajas finas y el atadillo aromático. Incorporar los tomates sin piel. Verter el jerez y reducir. Agregar la leche y el pan sin corteza, en trocitos. Tapar y cocinar hasta que todo esté tierno. Si fuera necesario, añadir caldo de carne. Sazonar con sal y nuez moscada. Procesar hasta formar una pasta.

◎ Cortar las papas en rodajas de 1 cm de grosor. Freírlas por ambos lados en aceite de oliva, sólo hasta media cocción. Escurrirlas.

◎ Disponer pasta sobre la mitad de las rodajas de papas y cubrir con las restantes. Enharinarlas ligeramente. Pasarlas por clara y freírlas otra vez. Escurrirlas.

◎ Disponerlas en una placa y rociarlas con caldo de carne. Hornear 15 minutos. Probar la sal.

◎ Servir las papas con el jugo que quede, espolvoreadas con perejil picado.

PASTEL DE HABAS CON SOBRASADA

12 PORCIONES

INGREDIENTES

Chauchas finas,
500 gramos

Lechuga, 2 plantas

Leche, 500 cc

Huevos,
6 grandes u 8 chicos

Sal y pimienta

Habas peladas, 1 y ½ kilo

Sobrasada, 400 gramos

Salsa de tomates con
bastante ajo y orégano
(página 189)

◉ Blanquear las chauchas y prolijarlas. Blanquear las lechugas y dejar las hojas enteras. Mezclar la leche con los huevos y salpimentar. Reservar todo.

◉ Enmantecar un molde alargado. Tapizarlo con las hojas de lechuga, dejando que sobresalgan de los bordes.

◉ Disponer una capa de habas salpimentadas. Volcar despacio una parte de la liga de leche y huevos, dejando que se cuele por los espacios libres. Colocar la sobrasada en el centro y verter más liga. Poner otra vez habas, liga y por último las chauchas salpimentadas y la liga restante.

◉ Doblar las hojas de lechuga hacia el centro del molde para tapar el relleno. Cubrir con papel de aluminio y llevar al horno, a baño de María. Cocinar de 20 a 30 minutos por kilo, cuidando que no hierva el agua del baño. Desmoldar y cortar en tajadas.

◉ Repartir la salsa de tomates en los platos y el pastel tibio arriba.

ENTRE NOS

Exquisito pastel o budín con dos de las mejores cosas que tenemos los catalanes para deleitar y deleitarnos: nuestras habas y nuestra sobrasada, hecha con carne de cerdo magra y curada sólo con buen pimentón.

Pulpitos con cebolla

2 PORCIONES

INGREDIENTES

Pulpitos, 600 gramos

Aceite de oliva, 100 cc

Cebollas grandes, 4

Laurel

Jugo de limón, unas gotas

Sal y pimienta

Papas, 400 gramos

Ajo, 4 dientes

Azafrán

Fumet de pescado

(página 173)

Perejil

- Limpiar los pulpitos. Es optativo utilizar sólo los tentáculos o también las cabezas.
- Disponer la mitad del aceite en una cazuela de barro. Rehogar las cebollas cortadas finitas, junto con el laurel. Añadir los pulpitos y rociar con el jugo de limón. Salpimentar, tapar y cocinar durante 2 horas a fuego lento.
- Al cabo de 1 y ½ hora incorporar las papas peladas y cortadas en cuadraditos. Mantener la cazuela tapada.
- Triturar los ajos en el mortero (o en la procesadora), junto con el azafrán diluido en fumet y el perejil. Licuar para obtener la majada.
- Volcarla sobre la preparación de los pulpitos. Integrar, rectificar el condimento y servir.

DE TIERRAS SOLEADAS
Esta delicia que reúne cebollas y frutos de mar refleja el aggiornamiento de la gastronomía mediterránea y revela una tendencia italiana en un plato español.

Pulpo salteado con oliva y pimentón

4 PORCIONES

INGREDIENTES

Aceite de oliva, 150 cc

Ajo, 1 diente

Pulpo cocido, 800 gramos

Pimentón (dulce o

picante), 2 cucharadas

Fumet de pescado, 200 cc

(página 173)

Sal marina

Pimienta

Perejil

◎ Calentar el aceite en una sartén. Incorporar el ajo picado. Añadir el pulpo y rehogarlo ligeramente. Agregar el pimentón, dar unas vueltas y verter el fumet. Calentar a fuego fuerte.

◎ Se puede presentar en una cazuela de barro, con papas fritas a la española en el fondo. Moler por arriba sal marina y pimienta. Espolvorear con perejil picado y servir.

Setas y hongos a la plancha

6 PORCIONES

INGREDIENTES

Shiitake, 600 gramos

Gírgolas, 600 gramos

Portobello, 600 gramos

Champiñones,

600 gramos

Hongos frescos de pino

(en temporada),

600 gramos

Aceite de oliva

Sal y pimienta

◎ Rociar los hongos con aceite de oliva. Asarlos a la parrilla, a fuego vivo, de 3 a 5 minutos por cada lado. Sazonar con sal y pimienta. Servir.

Palabra de chef

Se obtienen muy buenos resultados si se recolectan hongos silvestres para esta receta simple y magnífica a la vez. Pero ¡ojo!, les aconsejo consultar alguna publicación autorizada para distinguir los que son comestibles de los venenosos.

TORTILLA DE PAPAS Y CEBOLLAS

2 UNIDADES

INGREDIENTES

Papas, 1 kilo

Cebollas, 500 gramos

Aceite de oliva

Huevos, 4 a 6

Sal y pimienta

◉ Cortar las papas a la española y las cebollas en aros.

◉ Rehogar ambas muy lentamente en una sartén tapada, con un poco de aceite de oliva. Las papas deben quedar sancochadas, no hervidas. Dejar enfriar.

◉ Mezclar los huevos en un bol, salpimentar, añadir las papas y cebollas y revolver.

◉ Disponer un poco de aceite en una sartén de teflón y salar el fondo. Echar la mezcla y cocinar de a poco. Dar vuelta, tapar y mantener a fuego bajo hasta alcanzar el punto deseado.

PALABRA DE CHEF

Para obtener una tortilla distinta, incorporar a la mezcla rodajas de chorizo colorado o sobrasada. Cocinar igual.

TORTILLA DE PIMIENTOS DE PIQUILLO

1 UNIDAD

INGREDIENTES

Ajo, 1 diente

Perejil

Tomates, 200 gramos

Pimientos de piquillo, 6

Jamón sin grasa, 100 gramos

Setas u hongos frescos, 200 gramos

Aceite

Sal y pimienta

Huevos, 6

◉ Picar el ajo y el perejil. Cortar los tomates *concassé*, los pimientos en trozos o tiras y el jamón en cuadraditos. Filetear las setas.

◉ Saltear el ajo en aceite, incorporar los tomates y sofreír. Añadir los pimientos y sartenear. Incorporar el jamón y las setas, salpimentar y rehogar todo.

◉ Batir ligeramente los huevos en un bol. Agregar el perejil y el sofrito. Revolver.

◉ Disponer la preparación en una sartén y dorar bien por ambos lados. Servir bien caliente.

ZAPALLITOS RELLENOS CON FRUTOS DE MAR

5-6 PORCIONES

INGREDIENTES

Zapallitos largos, 5-6

Manteca, 150 gramos

Cebolla, 1

Aceite de oliva

Camarones, 100 gramos

Langostinos chicos, 20

Mejillones chicos, 12

Abadejo, 300 gramos

Harina, 75 gramos

Perejil

Fumet de pescado, 500 cc

(página 173)

Sal y pimienta

Queso rallado

SALSA

Cebolla, 1

Puerros, 2

Manteca

Cáscaras de los

langostinos

Vino blanco, 250 cc

Coñac, 1 copa

Tomates, 4

Crema de leche, 200 cc

◎ Dividir los zapallitos en dos y hacer incisiones en la pulpa. Freír por ambas caras en la manteca. Escurrir y sacar la pulpa con una cuchara, dejando las cáscaras enteras para rellenar.

◎ Picar la cebolla y rehogarla en aceite de oliva. Añadir los camarones, los langostinos y los mejillones, todos limpios, y el abadejo cortado en cinco trozos. Espolvorear con la harina y remover. Agregar la pulpa de los zapallitos y el perejil picado. Revolver e ir mojando con el fumet hasta obtener una pasta. Salpimentar.

◎ Rellenar las cáscaras de los zapallitos. Disponer queso rallado por arriba y calentar en el horno.

SALSA

◎ Picar la cebolla y los puerros. Rehogar ambos en manteca junto con las cáscaras de los langostinos. Verter el vino y reducir. Incorporar el coñac y reducir otra vez. Agregar los tomates *concassé* y un poco de fumet de pescado y reducir nuevamente. Añadir la crema y reducir una vez más. Colar y salpimentar. Si es necesario, espesar con *beurre manie*, ligar y rectificar el condimento.

◎ Servir con los zapallitos calientes.

Tapas

CARACOLES EN SALSA

Caracoles ya "engañados", 1 kilo

Sal

Laurel, 1 hoja

Vino blanco seco, 1 vaso

Aceite de oliva, 6 cucharadas

Cebolla, 1

Panceta fresca, 50 gramos

Jamón crudo, 50 gramos

Tomates, 200 gramos

Pimientos secos, 2

Guindilla, 1/2

◉ Lavar los caracoles y colocarlos en una olla con abundante agua, que los cubra bien. Añadir la sal, el laurel y el vino. Llevar a fuego lento. Cuando rompa el hervor, subir la llama y cocer de 1 y 1/2 a 2 horas, espumando dos o tres veces.

◉ Mientras tanto, colocar en una sartén el aceite, la cebolla picada, la panceta y el jamón en cubitos, los tomates triturados y los pimientos en trocitos. Cocinar hasta que la cebolla se dore. Incorporar la guindilla y los caracoles escurridos. Cocinar todo junto, aproximadamente 45 minutos.

CALAMARES FRITOS

Calamares medianos, 4

Sal

Harina

Aceite de oliva

Limón

◉ Limpiar los calamares quitando las telillas adheridas en su superficie. Sacar los tentáculos y vaciar los sacos, que son la única parte que se utiliza.

◉ Salarlos, pasarlos por harina y sacudirlos para eliminar el exceso.

◉ Freírlos en abundante aceite caliente y escurrirlos sobre papel absorbente.

◉ Servirlos con gajos de limón.

CHIPIRONES EN SU TINTA

INGREDIENTES

Chipirones, 18

Cebolla, 1

Ajo, 3 dientes

Aceite de oliva,

8 cucharadas

Sal

Ají verde, 1

Tomates, 2

Fumet de pescado, 1 taza

(página 173)

◉ Limpiar los chipirones sacándoles las patas y la bolsa de tinta. Picar la cebolla y los ajos.

◉ Calentar el aceite en una sartén. Rehogar 1/2 cebolla y 1 diente de ajo. Cuando empiecen a dorarse, agregar las patas de los chipirones, salar y mezclar. Escurrir la mezcla y rellenar con ella los chipirones. Cerrar la abertura con un palillo.

◉ Dorar los ajos restantes en el aceite que quedó en la sartén y saltear los chipirones.

◉ Rehogar la cebolla restante en una cacerola con otro poco de aceite, junto con el ají y los tomates cubeteados. Salar y cocinar lentamente durante 20 minutos. Agregar el fumet y la tinta de los chipirones y hervir 10 minutos más.

◉ Pasar la salsa por colador chino y volcarla nuevamente en la cacerola. Incorporar los chipirones y continuar la cocción hasta que la salsa espese.

◉ Acompañar con pan frito.

ENTRE NOS

Los chipirones son calamares pequeños, de 5 a 8 cm de largo.

PAN CON SOBRASADA

INGREDIENTES

Pan de campo, 12

tostaditas cuadradas

Sobrasada, 100 gramos

Azúcar, 2 cucharadas

◉ Untar las tostaditas con abundante sobrasada y espolvorear con el azúcar.

◉ Colocarlas sobre una placa y llevar al horno hasta que se dore ligeramente la superficie.

◉ Servir calientes.

MAGRAS CON TOMATE

INGREDIENTES

Jamón crudo español,
4 lonjas

Leche, 100 cc

Grasa de cerdo,
1 cucharada

Pan, 4 rebanadas chicas

Azúcar, 1 cucharada

Vinagre, 1 cucharada

Salsa de tomates, 200 cc
(página 189)

◎ Remojar el jamón en la leche durante 15 minutos. Escurrirlo, secarlo y saltearlo en una sartén con la grasa de cerdo. Retirarlo y reservarlo.

◎ En la misma sartén, con la grasa que quedó, freír por ambos lados las rebanadas de pan, previamente pasadas por la leche del remojo del jamón. Apartarlas.

◎ Añadir a la sartén el azúcar y el vinagre, revolver y cocinar apenas.

◎ Colocar el jamón sobre el pan y rociar con la salsa de azúcar y vinagre. Acomodar en un plato y poner al costado la salsa de tomates, para que los comensales mojen en ella las magras.

◎ Pueden servirse calientes o tibias.

BRANDADA DE BACALAO

INGREDIENTES

Bacalao desalado,
250 gramos

Puré de papas,
250 gramos

Aceite de oliva, 1 tacita

Crema de leche, 1 taza

Sal

Rebanadas de pan tostado

Ajo

◎ Utilizar un sobrante de bacalao. Desmenuzarlo y mezclarlo con el puré. Agregar de a poco el aceite y la crema, uniendo para obtener una pasta fina y homogénea. Rectificar la sal.

◎ Servir con tostadas frotadas con ajo.

Buñuelos de Bacalao

INGREDIENTES

Bacalao desalado,
75 gramos

Cerveza, 200 cc

Cebolla, 1

Perejil

Harina

Sal

Aceite de oliva

Limón

◎ Desmenuzar el bacalao. Mezclarlo en un bol con la cerveza. Incorporar la cebolla y el perejil, ambos picados. Agregar harina hasta formar una papilla espesa. Salar moderadamente.

◎ Tomar cucharadas, freír en aceite caliente y escurrir.

◎ Servir calientes, con gajos de limón.

Mejillones Gratinados

INGREDIENTES

Mejillones grandes, 12

Sal y pimienta

Pan rallado, 20 gramos

Perejil picado,
1 cucharada

Crema de leche, 100 cc

Queso parmesano
rallado, 1 cucharada

Aceite de oliva

◎ Limpiar los mejillones, ponerlos en una olla con muy poca agua y llevar al fuego. En cuanto se abran con el vapor, apagar el fuego y sacarlos de la cacerola. Separar las valvas y descartar las mitades vacías. Desprender los mejillones de las otras y volver a colocarlos sobre las valvas. Salpimentarlos.

◎ Mezclar el pan rallado con el perejil, la crema y el queso. Si quedara muy espeso, aligerar con un poco de fumet de pescado para obtener una pasta. Repartirla sobre los mejillones.

◎ Acomodarlos en una placa y rociarlos con un hilo de aceite de oliva. Gratinarlos ligeramente en el horno o en el grill.

◎ Servirlos de inmediato.

Mojo con albóndigas

INGREDIENTES

Carne de cordero,
150 gramos

Carne de cerdo,
150 gramos

Huevo, 1

Sal y pimienta negra

Pan rallado, 1 cucharada

Harina

Aceite

Mojo

Salsa de tomates, 1/2 taza
(página 189)

Mostaza, 1 cucharada

Pimienta de Cayena,
1 pizca

Salsa picante, unas gotas

◉ Picar las carnes de cordero y de cerdo. Mezclarlas con el huevo, en un bol. Añadir sal, pimienta y el pan rallado. Unir bien y formar las albóndigas. Pasarlas por harina.

◉ Freírlas en aceite y escurrirlas sobre papel absorbente. Servirlas calientes o frías, con la salsa.

Mojo

◉ Mezclar todos los ingredientes. Salsear las albóndigas o presentar por separado.

PALABRA DE CHEF

El nombre "mojo" se aplica a una salsa en la que se mojan ingredientes.

Pulpitos a la catalana

INGREDIENTES

Cebolla, 1/2

Ajo, 1 diente

Perejil

Aceite de oliva,
4 cucharadas

Pulpitos, 500 gramos

Sal

◉ Picar la cebolla, el ajo y el perejil. Rehogarlos en una sartén con el aceite de oliva.

◉ Cuando comiencen a dorarse, incorporar los pulpitos. Salar y dejar sobre fuego durante 2 ó 3 minutos.

◉ Servir inmediatamente.

BOQUERONES FRITOS

INGREDIENTES

Boquerones, 500 gramos

Sal

Harina

Aceite de oliva

◎ Limpiar los boquerones sacándoles la cabeza y las vísceras. Lavarlos y escurrirlos. Salarlos y enharinarlos.

◎ Freírlos en abundante aceite. Escurrirlos sobre papel absorbente.

◎ Servirlos bien calientes.

PIMIENTOS DE PIQUILLO RELLENOS CON BACALAO

INGREDIENTES

Bacalao desalado,
50 gramos

Salsa bechamel, 2 tazas

Huevo, 1

Pimientos de piquillo, 12

Harina

Aceite de oliva

Cebolla, 1

Ajo, 1 diente

Fumet de pescado,
1/2 taza (página 173)

Sal

◎ Desmenuzar el bacalao. Mezclarlo con la salsa bechamel tibia, ligar con el huevo y dejar enfriar.

◎ Rellenar los pimientos con la mezcla (reservando dos sin relleno). Pasarlos por harina y freírlos con mucho cuidado en una sartén con aceite. Pasarlos a una cazuela.

◎ Calentar 3 cucharadas de aceite en la sartén. Rehogar la cebolla, el ajo y los pimientos reservados, todo picado. Verter el fumet.

◎ Cuando hierva, pasar la salsa por colador chino y salar. Volcar en la cazuela, sobre los pimientos. Cocinar a fuego lento de 10 a 15 minutos.

LANGOSTINOS AL AJILLO

Langostinos grandes,
crudos, limpios, 6-8

Aceite de oliva,
2 cucharadas

Ajo, 2 dientes

Guindilla roja, 1 punta

Sal

Pimienta negra
de molinillo

◎ En una cazuela de barro calentar el aceite a punto de primer humo. Introducir los ajos *emincé* y la guindilla. Revolver con cuchara de madera hasta que apenas tomen color. Inmediatamente agregar los langostinos, salar y revolver con la cuchara de madera.

◎ Freír a fuego fuerte 30 segundos.

◎ Espolvorear con dos vueltas de pimienta, tapar y llevar a la mesa.

TORTILLA DE BUTIFARRA Y HABAS

Butifarra blanca,
100 gramos

Butifarra negra,
100 gramos

Aceite de oliva

Habas peladas,
200 gramos

Huevos, 8

Sal

◎ Cortar las butifarras en trozos. Freírlas en una sartén con un poco de aceite de oliva. Incorporar las habas y revolver.

◎ Mezclar los huevos con sal. Unir con la preparación anterior. Dividir en dos partes.

◎ Cocinar las tortillas dorándolas de ambos lados.

Carnes

BUTIFARRA CATALANA CON HONGOS Y COLIFLOR

INGREDIENTES

Coliflor, 1 y 1/4 kilo

Ajo, 8 dientes

Aceite de oliva, 100 cc

Pimentón, 1 cucharada

Agua, 1/2 litro

Sal y pimienta

Almendras, 50 gramos

Perejil, unas ramitas

Pan frito, 2 rodajas

Caldo

Butifarras crudas, 4

Tomates perita, 4

Gírgolas, 4

Champiñones grandes, 4

Shiitake grandes, 4

⊚ Limpiar bien la coliflor y separarla en ramitos.

⊚ Cortar 3 ajos en tajaditas. Freírlos en una sartén con la mitad del aceite. Agregar el pimentón, verter el agua y salpimentar. Cuando hierva, incorporar la coliflor y cocinar unos 30 minutos; debe quedar jugosa.

⊚ Combinar en el mortero el resto de los ajos, las almendras peladas y tostadas, el perejil, el pan frito, sal y pimienta. Machacar, añadiendo algo de caldo. Incorporar esta majada a la sartén. Terminar la cocción y reservar al calor.

⊚ Pinchar las butifarras. Disponerlas en una asadera pequeña junto con los tomates partidos por el medio (con la cáscara hacia abajo) y un poco de caldo. Tapar y cocinar en el horno unos 10 minutos. Retirar los tomates y mantener las butifarras calientes.

⊚ Cortar los hongos en tiras y saltearlos en el aceite restante. Salpimentar, añadir los tomates y calentar todo junto un momento.

⊚ Servir una butifarra en el centro de cada plato, con hongos de un lado y coliflor del otro.

ENTRE NOS

Para que la coliflor quede bien blanca aconsejo añadir leche y un poco de harina diluida al agua del hervor. El resultado es notable.

Cocido catalán

INGREDIENTES

Garbanzos secos, 1/4 kilo

Panceta fresca,
200 gramos

Carne de vaca,
500 gramos

Pollo, 1

Papas, 4

Repollo, 1

Apios, 2

Zanahorias, 2

Nabos, 2

Hueso de jamón,
1 entero (o recortes)

Huesos de vaca,
500 gramos

Pata de cerdo, 1

Butifarras negras, 3

Carne de cerdo picada,
300 gramos

Carne de vaca picada,
120 gramos

Ajo, 2 dientes

Perejil picado,
1 cucharada

Huevos, 2

Pan rallado, 2 cucharadas

Canela, 1 pizca

Sal y pimienta

Harina

Fideos cortos, 250 gramos

Aceite de oliva

◎ Remojar los garbanzos en agua desde la noche anterior.

◎ Cortar la panceta en cubitos, la carne y el pollo en trozos y las papas por la mitad. Picar las verduras.

◎ En una olla grande, con 6 litros de agua, aproximadamente, hervir los huesos, la pata de cerdo y la panceta. Espumar y cocinar durante 1/2 hora.

◎ Añadir los trozos de carne y las verduras picadas. Cocinar a fuego lento durante 45 minutos.

◎ Incorporar el pollo y continuar la cocción por 45 minutos más. Si es necesario, agregar agua hasta cubrir los ingredientes.

◎ Mientras tanto, desmenuzar una de las butifarras. Combinarla con las carnes picadas, los ajos triturados y el perejil. Ligar con los huevos y espesar con el pan rallado. Sazonar con canela, sal y pimienta. Formar albóndigas y pasarlas por harina.

◎ Cuando se haya cocido el pollo, agregar a la cacerola las albóndigas y las papas y cocinar 20 minutos, siempre a fuego lento.

◎ Añadir las otras butifarras y cocinar 10 minutos más. Probar el condimento.

◎ Pasar 3/4 partes del caldo a otra olla y cocinar los fideos.

◎ Repartir en tazones el caldo con los fideos y servir. Presentar como segundo plato los vegetales y las carnes, rociadas con aceite de oliva.

COCIDO MADRILEÑO

INGREDIENTES

Garbanzos, 300 gramos

Paleta de vaca,

500 gramos

Pechuga de pollo, 1

Panceta fresca,

150 gramos

Huesos de osobucco, 2

Jamón crudo, 1 punta

Agua o caldo de carne

Chorizo colorado,

150 gramos

Puerro gordo, 1

Zanahoria grande, 1

Apio, 1 rama

Papas, 6

Sal

Morcilla, 1

Repollo blanco, 1 kilo

Aceite de oliva, 100 cc

Ajo, 3 dientes

Vinagre de vino tinto

Pimentón picante

Arroz, 250 gramos

Salsa de tomates

con ajo y comino, 250 cc

(página 189)

◉ Remojar los garbanzos en agua desde la noche anterior.

◉ Poner en una olla grande la paleta, la pechuga, la panceta, el osobucco y el jamón. Cubrir con agua o caldo frío. Llevar al fuego. Cuando hierva, espumar y añadir los garbanzos escurridos. Cocer durante 1 hora.

◉ Incorporar el chorizo, el puerro, la zanahoria, el apio (todo trozado) y las papas (enteras, peladas). Salar moderadamente. Cocinar hasta que las carnes y los garbanzos estén tiernos, agregando más caldo o agua a medida que haga falta. A último momento añadir la morcilla.

◉ Mientras tanto, hervir el repollo en otra olla con agua y sal durante unos 40 minutos. Escurrirlo y rehogarlo con el aceite de oliva y los ajos picados. Rociarlo con vinagre y espolvorearlo con pimentón.

◉ Sacar parte del caldo del cocido para cocinar el arroz, que debe quedar bastante caldoso.

◉ Servir el arroz como sopa, los garbanzos y las carnes por separado y las hortalizas junto con el repollo y la salsa de tomates caliente.

Estofado de buey

INGREDIENTES

Carne de buey,
800 gramos

Sal y pimienta

Aceite, 2 cucharadas

Cebolla, 1

Puerros, 2

Tomates, 200 gramos

Pimentón, 1 cucharadita

Azafrán, 1 cápsula

Nuez moscada

Orégano y apio,
1 ramillete

Laurel, 1 hoja

Vino blanco seco, 1 vaso

Agua o caldo

Papas, 400 gramos

Arvejas, 200 gramos

PICADA

Ajo, 2 dientes

Perejil, 1 cucharada

Nueces, 3

Almendras tostadas, 6

◉ Cortar la carne en trozos, salpimentarla y dorarla en aceite. Incorporar la cebolla finamente picada, los puerros en rodajitas y los tomates *concassé*. Condimentar con el pimentón, el azafrán y la nuez moscada. Perfumar con el ramillete de hierbas y el laurel. Rehogar.

◉ Verter el vino y reducir. Cubrir con agua o caldo y cocinar a fuego lento.

◉ Cuando la carne esté casi a punto, incorporar las papas cortadas y las arvejas. Finalmente agregar la picada (se hace picando todos los ingredientes juntos).

ENTRE NOS
Si no se consigue carne de buey, usar azotillo de vaca.

ESTOFADO DE TERNERA

INGREDIENTES

Panceta fresca,
200 gramos

Roast beef, 1 kilo

Cebollas grandes, 2

Ajo, 2 dientes

Tomates perita, 6

Zanahorias grandes, 2

Papas grandes, 4

Aceite de oliva, 50 cc

Laurel, 2 hojas

Sal y pimienta

Vinagre de vino tinto,
1 cucharada

Tomillo, unas hojitas

Caldo de carne
(página 174)

Arvejas, 100 gramos

◎ Cortar la panceta en cuadraditos y la carne en cubos parejos, ni muy chicos ni muy grandes. Picar las cebollas y los ajos. Cortar los tomates *concassé* y las zanahorias y las papas en dados.

◎ Calentar el aceite en una cazuela de barro y rehogar las cebollas, los ajos, la panceta y el laurel. Incorporar los tomates y la carne. Salpimentar. Rociar con el vinagre, perfumar con el tomillo y verter un poco de caldo, que apenas cubra la carne. Tapar la cazuela. Cocinar 1 y ¼ hora, cuidando que no se quede sin caldo.

◎ Añadir las papas y las zanahorias y cocinar 30 minutos más. Rectificar el condimento.

◎ Blanquear las arvejas. Incorporarlas al estofado, que debe hacerse muy lentamente, como su nombre lo indica (estofar: hacer despacio).

◎ Servir bien caliente en cuanto todo esté a punto.

ENTRE NOS

No quise perderme la oportunidad de desarrollar la receta de un plato que, para mí, es de lo más rico y apetitoso: un clásico y simple estofado de ternera a mi manera.

ESTOFADO DE VACA CON PIEL DE NARANJA Y ACEITUNAS NEGRAS

INGREDIENTES

Piel de 1 naranja

Aceite de oliva, 4 cucharadas

Panceta fresca, 150 gramos

Nalga, 1 y ½ kilo

Sal y pimienta

Cebollas, 2

Ajo, 4 dientes

Perejil, 1 cucharada

Laurel, 2 hojas

Vino tinto de mucho cuerpo, 500 cc

Caldo de carne muy concentrado, 500 cc (página 174)

Aceitunas negras descarozadas, 200 gramos

◎ Quitarle la parte blanca a la piel de naranja y cortarla en juliana.

◎ Disponer el aceite en una cazuela para horno y llama. Dorar la panceta en cubitos. Retirarla y dorar la carne cortada en trozos grandes. Salpimentar y reservar.

◎ En la misma cazuela hacer un sofrito con las cebollas, los ajos y el perejil, todo picado. Perfumar con el laurel. Incorporar la panceta, la carne, el vino, el caldo y la piel de naranja. Salpimentar.

◎ Tapar herméticamente con papel de aluminio y luego con la tapa de la cazuela. Llevar al horno durante 3 y ½ horas. A las 2 horas de cocción incorporar las aceitunas negras.

◎ Debe quedar muy espeso, con poco caldo. Servir en una fuente.

ENTRE NOS

Atribuyo ascendencia francesa a este manjar que seduce con el estimulante aroma de la naranja.

FRICANDÓ *(mi versión)*

INGREDIENTES

Cebollas, 2

Aceite de oliva,
4 cucharadas

Sal y pimienta

Tomates de lata,
500 gramos

Lomo o carne magra
en filetes, 1 kilo

Harina

Ajo, 2 dientes

Vino blanco,
1 vaso grande

Tomates perita, 6

Hongos secos y frescos,
80 gramos

Caldo de carne, 400 cc
(página 174)

Papas a la española

◎ Picar las cebollas, rehogarlas en aceite de oliva y salpimentarlas. Deben quedar doradas pero no quemadas.

◎ Licuar los tomates de lata, sin semillas. Cocinarlos para obtener una salsa.

◎ Salpimentar la carne por ambos lados. Pasarla por harina. Dorarla por ambos lados en una sartén con aceite de oliva. Incorporar los ajos picados y freírlos con cuidado, para que se doren sin quemarse. Desglasar con el vino. Incorporar las cebollas, los tomates perita *concassé* y la variedad de hongos de que se disponga (hongos secos remojados, champiñones fileteados, gírgolas, etc.). Cocinar a fuego fuerte.

◎ Cubrir con la salsa de tomates y el caldo de carne. Mantener sobre llama viva hasta que rompa el hervor. Salpimentar. Continuar la cocción a fuego suave hasta que el líquido se reduzca y los hongos y la carne estén tiernos. No debe quedar demasiado jugoso.

◎ Freír las papas. Colocarlas en los platos o en una fuente. Disponer sobre ellas la carne y arriba la salsa con los hongos.

DE TIERRAS SOLEADAS

Creo que existe una forma de preparar fricandó por cada casa de familia de Cataluña. Este plato es de origen francés, ya que en Francia existe el fricandeau, bastante parecido a muchas preparaciones del país catalán. En general es un guiso a base de carne y salsa de tomates con hongos. Yo preparo uno que a mí me gusta y me parece sencillo, fácil de hacer y muy sabroso.

FRITO MALLORQUÍN

INGREDIENTES

Asadura de cordero,
850 gramos

Cebolla grande, 1

Cebollas de verdeo, 8

Chinchulines de cordero,
200 gramos

Ajo, 3 dientes

Hinojo, 50 gramos

Aceite, 300 cc

Sal y pimienta

Sangre cocida,
300 gramos

Guindilla, 1/2

Laurel, 1 hoja

Papas fritas a la española,
700 gramos

◎ Cortar la asadura de cordero en trozos pequeños. Picar finamente la cebolla común y las de verdeo. Cocer los chinchulines y cortarlos en trozos. Filetear los ajos. Picar el hinojo.

◎ Dorar en aceite la asadura de cordero. Agregar la cebolla común y los chinchulines. Salpimentar y añadir la sangre.

◎ Rehogar la cebolla de verdeo junto con los ajos. Incorporar el hinojo, la guindilla y el laurel. Añadir esta preparación a la anterior.

◎ Por último agregar las papas fritas. Controlar la sazón y servir.

ENTRE NOS

La sangre cocida se vende, por pedido, en las carnicerías bien surtidas.

ESCALOPES DE LOMO CON CODORNICES A LA POLLENSINA

INGREDIENTES

Codornices, 4

Aceite de oliva, 100 cc

Escalopes de lomo,

8 de 1 cm

Sal y pimienta

Ajo, 3 dientes

Cebollas, 2

Tomates, 300 gramos

Alcauciles, 2

Papas, 1 kilo aprox.

Habas peladas,

200 gramos

Arvejas, 50 gramos

Setas u hongos frescos,

300 gramos

Hojas de laurel, 2

Caldo de carne, 500 cc

(página 174)

Tomillo fresco,

unas ramitas

Sobrasada, 50 gramos

Vino tinto fuerte, 200 cc

Pimentón dulce,

1 cucharada

Butifarras negras, 2

Repollo blanco, 1

◉ Partir por la mitad las codornices. Limpiarlas bien, quitándoles todo resto de sangre y secándolas.

◉ Calentar aceite de oliva en una sartén. Incorporar los escalopes de lomo salpimentados, junto con las codornices. Dorar por ambos lados. Reservar.

◉ Hacer un fondo con los ajos picados, 1 cebolla también picada y los tomates *concassé*.

◉ Aparte, rehogar la otra cebolla cortada en juliana fina. Limpiar los alcauciles y dividirlos en cuatro. Pelar las papas, cortarlas en cubos y blanquearlas. Agregar todo al fondo. Incorporar las habas, las arvejas y las setas u hongos en trozos. Perfumar con una hoja de laurel, salar y cocinar durante 5 minutos.

◉ Disponer un poco de esta preparación en el fondo de una cazuela para horno. Rociar con parte del caldo. Ubicar encima los escalopes y las codornices. Colocar otra capa de preparación de verduras. Esparcir arriba la otra hoja de laurel, el tomillo y la sobrasada en rodajas. Si es necesario, rectificar la sal de todos los ingredientes. Mojar con el vino y el resto de caldo. Espolvorear con el pimentón. Disponer las butifarras negras, también en rodajas.

◉ Cubrir con varias capas de hojas de repollo enteras. Tapar con papel de aluminio y llevar al horno de 30 a 40 minutos.

◉ Quitar el papel y descartar las capas de repollo superiores, que habrán servido de cubierta para toda la preparación y estarán quemadas.

◉ Servir en la misma cazuela.

MOLLEJAS DE TERNERA A LA CACEROLA

4 PORCIONES

INGREDIENTES

Mollejas, 6
Tocino, 150 gramos
Cebollas, 2
Zanahorias, 2
Manteca, 100 gramos
Sal y pimienta
Atadillo aromático, 1
Pan lácteo, 8 rebanadas
Endibias, 2 plantas
Espinaca, 2 atados
Pasta seca, 200 gramos
Champiñones grandes, 200 gramos
Aceite de oliva

◉ Desangrar, lavar, hervir y limpiar las mollejas. Prensarlas como mínimo una hora. Mecharlas con 100 gramos de tocino y cortar el resto del tocino en trocitos.

◉ Cortar las cebollas en trozos y las zanahorias en rodajas. Rehogarlas en un recipiente para horno y llama con la mitad de la manteca. Añadir las mollejas y el tocino, salpimentar y perfumar con el atadillo aromático. Agregar el resto de la manteca y hornear durante 25 minutos. De tanto en tanto rociar las mollejas con el jugo de la cocción, agregando caldo de carne si fuera necesario.

◉ Freír el pan en manteca. Repartirlo en los platos, rociar apenas con el jugo de las mollejas y disponer éstas arriba.

◉ Ubicar a un costado las endibias en ensalada. Del otro lado colocar la espinaca ligeramente salteada, caliente, y sobre ella la pasta hervida al dente, salteada en manteca, y los champiñones asados a la plancha, rociados con aceite de oliva.

PALABRA DE CHEF

Elija mollejas de la degolladura. Remójelas en agua con sal durante 24 horas, cambiando el agua dos o tres veces. Elimine la grasa y tendrá las mollejas listas para cualquier preparación.

CALLOS A LA MADRILEÑA

INGREDIENTES

Mondongo, 2 kilos

Pata de ternera, 1

Morro de ternera, 1

Vino blanco, 500 cc

Sal, 15 gramos

Laurel, 2 hojas

Clavo de olor, 1

Pimienta, unos granos

Ajo, 4 dientes

Cebollas grandes, 2

Zanahorias grandes, 2

Blanco de 2 puerros

Aceite de oliva,
2 cucharadas

Jamón crudo, 200 gramos

Pimentón dulce,
1 cucharada

Harina, 2 cucharadas

Puré de tomates, 750 cc

Chorizo colorado,
200 gramos

Morcilla, 100 gramos

◉ Cortar el mondongo en tiritas. Darle un hervor y eliminar el agua. Agregar la pata y el morro de ternera. Volver a cubrir con agua fría y añadir el vino. Salar y perfumar con el laurel, el clavo de olor y los granos de pimienta. Cocinar hasta que el mondongo esté tierno.

◉ Hacer un sofrito con los ajos y las verduras picadas, rehogando todo en aceite de oliva. Incorporar el jamón, previamente salteado en aceite. Espolvorear con el pimentón y la harina. Añadir el puré de tomates y cocinar.

◉ Incorporar al mondongo la preparación anterior y el chorizo colorado. Cocinar durante ½ hora más.

◉ Añadir la morcilla a último momento. Probar de sal y pimienta antes de servir.

CALLOS A LA CATALANA

4 PORCIONES

INGREDIENTES

Mondongo, 1 kilo

Cebollas, 4

Tomates, 600 gramos

Berenjenas, 2

Sal gruesa

Morrones, 3

Aceite de oliva

Manteca

Sal y pimienta

Caldo de carne

(página 174)

Butifarra negra

◎ Cortar el mondongo en cuadraditos. Picar las cebollas. Cortar los tomates *concassé*. Pelar las berenjenas, pasarlas por sal gruesa y cortarlas en cubos. Trozar los morrones.

◎ Saltear el mondongo en aceite de oliva y manteca. Retirarlo y rehogar las cebollas en el mismo fondo. Añadir los tomates, las berenjenas y los morrones. Salpimentar y rehogar todo.

◎ Incorporar de nuevo el mondongo. Agregar caldo de carne y cocinar lentamente, como mínimo 2 horas.

◎ A último momento incluir butifarra negra en rodajas.

RIÑONES DE TERNERA AL JEREZ

3-4 PORCIONES

INGREDIENTES

Riñones de ternera, 2

Aceite de oliva, 50 cc

Cebolla chica, 1

Sal y pimienta

Harina, 1 cucharada

Pimentón dulce,

1/2 cucharada

Ajo, 1 diente

Perejil

Jerez, 1 copa

◎ Limpiar los riñones quitándoles las telitas y la grasa. Cortarlos en tajaditas o en trozos.

◎ Llevar al fuego una olla con un poco de agua, colocar arriba la tapa invertida y disponer encima los riñones. Esperar que suelten jugo y luego lavarlos.

◎ Calentar el aceite en una sartén, añadir la cebolla picada y rehogarla. Incorporar los riñones, salpimentar y cocinar durante 5 minutos.

◎ Agregar la harina, revolviendo. Espolvorear con el pimentón, verter un poco de agua y añadir el ajo y el perejil, picados o majados en el mortero. Cocinar otros 3 minutos y agregar el jerez. Dejar evaporar el alcohol, rectificar la sazón y servir.

Riñones salteados con champiñones

4 PORCIONES

INGREDIENTES

Riñones de ternera, 4

Sal gruesa

Sal y pimienta

Manteca, 100 gramos

Ajo, 2 dientes

Champiñones,
200 gramos

Vino blanco, 100 cc

Salsa *demiglace*, 100 cc

Perejil

◎ Limpiar los riñones sacándoles las telitas y la grasa. Cortarlos en trozos grandes. Dejarlos en un colador con sal gruesa durante 2 horas, revolviendo algunas veces.

◎ Enjuagarlos con agua corriente y secarlos. Cortarlos en trocitos parejos y salpimentarlos.

◎ Disponer 50 gramos de manteca en una sartén y saltear los riñones rápidamente, para que se doren sin hervir en su jugo. Retirarlos y reservarlos.

◎ Añadir a la sartén un poco más de manteca. Incorporar los ajos picados, los champiñones fileteados, el vino, sal, pimienta y la salsa *demiglace*. Reducir, agregar los riñones y terminar ligando con el resto de la manteca.

◎ Espolvorear con perejil picado y servir.

PALABRA DE CHEF

La demiglace *supo ocupar un lugar destacado en la alta cocina, pero ahora ya no se usa tanto. Su elaboración insume mucho tiempo, por eso conviene tener en cuenta que ya existen en el mercado varias marcas que se presentan en polvo o en plancha. Siguiendo las instrucciones del envase, se consigue rápidamente una versión actualizada de esta salsa clásica.*

Manitas de cerdo rellenas con sesos y gírgolas

INGREDIENTES

Manitas de cerdo, 4

Sal y pimienta

Laurel, 1 hoja

Ajo, 2 dientes

Manteca

Gírgolas, 125 gramos

Sesos de cordero, 4

Coñac

Caldo de carne
(página 174)

Crema de leche, 100 cc

○ Hervir las manitas con sal, pimienta, el laurel y los ajos. Escurrirlas y deshuesarlas.

○ Derretir un poco de manteca en una sartén. Agregar las gírgolas picadas y los sesos en trocitos. Flamear con coñac.

○ Rellenar las manitas con la preparación anterior. Ponerlas en una fuente térmica. Añadir un poco de caldo y la crema.

○ Llevar al horno y reducir hasta que la salsa quede espesa y concentrada.

PALABRA DE CHEF

Para deshuesar las manitas de cerdo, partirlas por la mitad y sacar solamente los huesos de la parte superior, dejando el inferior para evitar que se deformen.

Solomillo de cerdo con estofado de lentejas

INGREDIENTES

Solomillo de cerdo,
1 de 250 gramos

Sal y pimienta

Manteca, 2 cucharadas

Cebollas, 2

Aceite de oliva

Panceta fresca, 50 gramos

Lentejas de cocción
rápida, 100 gramos

Caldo de verduras

○ Salpimentar el solomillo, untarlo con parte de la manteca y asarlo a la plancha vuelta y vuelta. Debe quedar bien jugoso por dentro y bien dorado por fuera.

○ Picar las cebollas. Rehogarlas en la manteca restante, mezclada con un poco de aceite de oliva para que no se queme. Añadir la panceta cortada en cubos y cocinar sin que se dore demasiado. Incorporar las lentejas, saltearlas, cubrirlas apenas con caldo y cocinarlas bien al dente, unos 10 minutos. Salpimentar.

○ Servir el solomillo con el estofado de lentejas y un gajo de limón.

Solomillo de cerdo con salsa de granadas y champiñones al horno

INGREDIENTES

Solomillos de cerdo,
4 de 300 gramos

Grasa de cerdo,
1 cucharada

Aceite de oliva

Sal y pimienta

Cebolla grande, 1

Granos de 1 granada
grande o 2 chicas

Jugo de granada, 125 cc

Vino blanco seco, 125 cc

Crema de leche, 125 cc

CHAMPIÑONES AL HORNO

Perejil picado,
3 cucharadas

Manteca, 150 gramos

Jugo de ½ limón

Pimentón picante,
½ cucharada

Nuez moscada

Estragón fresco, 1 ramita

Sal

Jerez seco, 100 cc

Fécula de maíz,
½ cucharada

Champiñones medianos,
500 gramos

Mozzarella, 100 gramos

Pimienta

◉ Sellar los solomillos en una sartén con la grasa de cerdo y una pequeña cantidad de aceite de oliva. Salpimentarlos a medida que se vayan sellando. Una vez bien dorados, retirarlos y reservarlos.

◉ Picar la cebolla y rehogarla en la misma sartén. Añadir los granos de granada, el jugo y el vino. Dejar evaporar el alcohol. Agregar la crema y reducir.

◉ Incorporar de nuevo los solomillos y cocinarlos hasta que estén a punto. Si la salsa queda demasiado espesa, aligerarla con caldo de carne. Comprobar la sazón.

CHAMPIÑONES AL HORNO

◉ Sofreír el perejil en una sartén con la manteca. Añadir el jugo de limón, el pimentón picante, la nuez moscada, el estragón y la sal. Verter el jerez, reducir y espesar con la fécula.

◉ Disponer la mitad de esta salsa en una fuente térmica. Acomodar prolijamente los champiñones. Verter sobre ellos el resto de la salsa. Llevar al horno unos 5 minutos.

◉ Disponer trocitos de mozzarella entre los champiñones o por arriba. Pimentar y volver al horno unos 3 minutos más, hasta completar la cocción.

◉ Servir con los solomillos.

Carré de cerdo con *tumbet*

INGREDIENTES

Ajíes verdes, 400 gramos

Papas, 600 gramos

Berenjenas, 3

Aceite de oliva,

2 cucharadas

Ajo, 3 dientes

Tomates perita, 10

Laurel, 1 hoja

Sal

Azúcar

Carré de cerdo,

8 medallones

de 120 gramos

◎ Trozar los ajíes. Cortar en rodajas finas las papas peladas y las berenjenas con cáscara. Estrujar las berenjenas para eliminar el líquido amargo.

◎ Freír por separado, en aceite de oliva, primero las papas, luego los ajíes y después las berenjenas. A medida que las verduras estén tiernas, escurrirlas y colocarlas por capas dentro de una cazuela de barro.

◎ Hacer una salsa rehogando en un fondo de aceite los ajos picados y los tomates *concassé*. Condimentar con el laurel, sal y algo de azúcar para que no resulte ácida. Volcarla en la cazuela, sobre las verduras.

◎ Hornear unos 15 minutos para que las verduras resulten ligeramente confitadas o caramelizadas.

◎ En el resto de aceite dorar la carne, sellándola bien por ambos lados. Debe quedar cocida pero no dura.

◎ Disponer el *tumbet* en los platos y arriba el cerdo bien dorado.

DE TIERRAS SOLEADAS

El tumbet *es una preparación de vegetales de origen mallorquín, similar a la sanfaina (página 134).*

LOMO DE CERDO CON REPOLLO

6 PORCIONES

INGREDIENTES

Lomo de cerdo, 1 kilo

Sal y pimienta

Aceite de oliva, 50 cc

Repollo, 24 hojas grandes

Panceta, 300 gramos

Carne de cerdo magra,
400 gramos

Cebollas, 400 gramos

Jerez, 100 cc

Atadillo aromático, 1

Salsa de tomates, 500 cc
(página 189)

Sobrasada, 150 gramos

Butifarra negra,
150 gramos

Pasas de uva, 100 gramos

Piñones, 30 gramos

Almendras tostadas,
100 gramos

Ajo, 2 dientes

Caldo de carne, 2 litros
(página 174)

○ Cortar el lomo en rodajas. Aplastarlas, salpimentarlas y dorarlas levemente en aceite.

○ Blanquear las hojas de repollo.

○ Envolver cada rodaja de lomo en una hoja, cerrando bien. Colocarlas en una cazuela de barro plana, una al lado de la otra, bien juntas.

○ Cortar la panceta y la carne de cerdo en dados pequeños. Dorarlas en una sartén con la grasa que suelte la panceta, sin aceite. Agregar las cebollas finamente picadas. Cuando se doren, verter el jerez y reducir. Salpimentar y perfumar con el atadillo aromático. Incorporar la salsa de tomates, la sobrasada, la butifarra, las pasas y los piñones.

○ Volcar esta preparación sobre las rodajas de lomo envueltas. Agregar una picada hecha con las almendras y los ajos. Cubrir con el caldo. Tapar la cazuela y cocer lentamente en el horno, a temperatura suave.

ENTRE NOS

Toda una institución culinaria en España, el cerdo es la base de la alimentación en muchas regiones. Su faenamiento es una verdadera alquimia, pues de él se aprovecha absolutamente todo, incluso los huesos, que se cortan, se salan y se guardan para enriquecer guisos y caldos. En esta labor participa la familia entera.

COCHINILLO ASADO CON AJOS Y TOMILLO

INGREDIENTES

Cochinillo,
1 de 3 kilos aprox.

Aceite de oliva

Sal y pimienta

Ajo, 8 dientes

Tomillo fresco, 50 gramos

Hígado y riñones del
cochinillo

Échalotes, 2

Jerez seco, 50 cc

Jugo de limón

Perejil, unas ramitas

PAPAS A MI MANERA

Papas grandes,
harinosas, 4

Manteca, 120 gramos

Crema de leche, 50 cc

Queso rallado grueso

Azúcar negra

○ Untar la piel del cochinillo con aceite de oliva. Salpimentar la parte interna y esparcir los ajos con piel, ligeramente aplastados, y las hojas de tomillo. Rociar con aceite de oliva.

○ Colocar listones de madera en el fondo de una asadera grande. Apoyar arriba el cochinillo, con la piel hacia abajo. Llevar a horno caliente unos 20 minutos. Bajar la temperatura a moderada y continuar la cocción durante 1 hora más, rociando permanentemente con los jugos del cochinillo.

○ Limpiar bien los riñones y el hígado. Trozarlos y reservarlos.

○ Cuando el cochinillo esté casi a punto, saltear las échalotes en aceite de oliva. Agregar el hígado y los riñones, salpimentar y saltear muy rápidamente. Verter el jerez y dejar evaporar el alcohol. Añadir el jugo de limón y el perejil picado.

PAPAS A MI MANERA

○ Asar en el horno las papas con cáscara. Pelarlas, pisarlas y salpimentar el puré obtenido.

○ Untar budineras individuales con 20 gramos de manteca.

○ Calentar la manteca restante en una sartén y saltear el puré de papas. Moldearlo en las budineras y desmoldar los budines sobre una placa. Arriba de cada uno poner un poco de crema, queso rallado y azúcar negra. Llevar a horno muy caliente para glasear.

○ Servir en cada plato un trozo de cochinillo, un budín de papas y una porción de hígados y riñones.

CONEJO A LA CAZADORA CON CHOCOLATE

4 PORCIONES

INGREDIENTES

Conejo,
1 de 1,800 kilo aprox.

Cebollas, 4

Ajo, 4 dientes

Perejil

Tomates maduros, 4

Jamón crudo, 150 gramos

Aceite de oliva, 100 cc

Panceta fresca,
100 gramos

Sal y pimienta

Coñac, 50 cc

Vino blanco seco, 100 cc

Almendras tostadas,
25 gramos

Avellanas, 25 gramos

Champiñones,
500 gramos

Tomillo

Orégano

Romero

Chocolate cobertura,
20 gramos

PAPAS REBOZADAS

Papas, 800 gramos

Harina

Huevos, 2

Azafrán, 1 cucharadita

Caldo de carne
(página 174)

◎ Trozar el conejo. Cortar la cebolla en rodajas y picar los ajos y el perejil. Pelar los tomates, quitarles las semillas y cortarlos en cuadraditos. Cortar el jamón en cubitos.

◎ Calentar el aceite de oliva en una cazuela de barro. Dorar la panceta y el conejo. Salpimentar y retirar de la cazuela.

◎ En el aceite que quede rehogar los ajos, la cebolla y el perejil. Añadir los tomates y cocinar unos minutos. Verter el coñac y el vino y dejar evaporar el alcohol.

◎ Incorporar de nuevo el conejo y la panceta. Cocinar lentamente, agregando caldo si quedara demasiado espeso.

◎ Casi al final incluir las almendras y avellanas groseramente picadas, los champiñones enteros, el jamón y las hierbas.

◎ Completar la cocción y apagar el fuego. Añadir el chocolate rallado y revolver para que se derrita con el calor de la preparación.

PAPAS REBOZADAS

◎ Cortar las papas en rodajas de 1 cm. Salpimentarlas y pasarlas por harina y huevo. Freírlas ligeramente en aceite de oliva. Disponerlas por capas dentro de una cazuela de barro plana.

◎ Desleír el azafrán en caldo y verter sobre las papas. Cocinar en horno suave, de 20 a 25 minutos. Deben quedar caldosas; si hiciera falta, añadir más caldo.

Conejo al Romesco

4 PORCIONES

INGREDIENTES

Conejo, 1

Sal y pimienta

Aceite de oliva

Cebollas, 4

Papas grandes, 4

Atadillo aromático

Vino tinto, 100 cc

Vinagre de vino,

3 cucharadas

ROMESCO

Harina, 2 cucharadas

Pan frito, 2 rebanadas

Almendras tostadas,

50 gramos

Avellanas, 50 gramos

Morrones asados, 2

Ají molido picante,

1 cucharada

Salsa de tomates,

1 taza (página 189)

Sal y pimienta

de molinillo

⊚ Cortar el conejo en trozos regulares. Salpimentarlo, dorarlo en aceite de oliva y reservarlo.

⊚ Disponer en el mismo fondo las cebollas picadas. Añadir las papas cortadas en cubos y sellarlas a fuego fuerte. Poner otra vez el conejo y perfumar con el atadillo aromático. Mojar con el vino y el vinagre. Tapar y cocinar hasta que el conejo esté tierno.

ROMESCO

⊚ Prepararla licuando los ingredientes indicados, agregando caldo si fuera necesario.

⊚ Incorporarla al conejo y servir en seguida.

DE TIERRAS SOLEADAS

En Mallorca y Barcelona hay lugares dedicados especialmente a ofrecer platos a base de conejo, preparados con singular habilidad. Recuerdo uno en Algaida (Mallorca) que se llama Ca'l dimont *(Casa del demonio) y tiene fama por sus excepcionales conejos a la brasa, acompañados casi siempre con salsas fuertes.*

Conejo con morillas

INGREDIENTES

Conejo,
1 de 2 kilos aprox.

Sal y pimienta

Manteca, 100 gramos

Aceite, 100 cc

Cebolla, 1

Laurel, 1 hoja

Coñac, 1 copa

Caldo de carne, 500 cc
(página 174)

Morillas, 800 gramos

Ajo, 2 dientes

Almendras, 25 gramos

Perejil

⊚ Trozar y salpimentar el conejo.

⊚ Poner en una cazuela de barro la manteca, el aceite, el conejo, la cebolla en rodajas finas y el laurel. Dorar todo y escurrir la grasa. Flamear con el coñac. Agregar el caldo y cocinar.

⊚ Mientras tanto, saltear las morillas en un poco de aceite y hacer una picada con los ajos, las almendras, el perejil y un poco de jugo de la cocción.

⊚ Una vez cocido el conejo, sacarlo y pasar la salsa por colador chino.

⊚ Colocar nuevamente en la cazuela el conejo y la salsa. Incorporar las morillas y la picada. Rectificar el condimento y servir.

ENTRE NOS

Si no consigue morillas frescas, úselas secas. Hidratadas en vino blanco durante 3 horas, quedan excelentes.

Conejo con rape

INGREDIENTES

Conejo, 800 gramos

Sal y pimienta

Rape, 600 gramos

Cebollas, 4

Aceite de oliva, 100 cc

Vino blanco, 1/2 copa

Atadillo aromático, 1

Harina, 1 cucharada

Caldo

Almendras tostadas, 7

Perejil, 1 cucharada

Ajo, 1 diente

Azafrán en hebras

◎ Trozar y salpimentar el conejo. Cortar el rape en rodajas y las cebollas en trozos grandes.

◎ Dorar el conejo en una cacerola con aceite de oliva. Añadir las cebollas, rociar con el vino y reducir. Agregar el atadillo aromático, la harina y un poco de caldo. Cocinar lentamente.

◎ Cuando el conejo esté casi cocido, incorporar el rape.

◎ Machacar las almendras, el perejil, el ajo y el azafrán. Agregar un poco de caldo de la cocción. Sumar esta majada a la cacerola y cocinar unos minutos más.

◎ Rectificar la sazón y servir.

PALABRA DE CHEF

¡Anímese a sorprender con fórmulas que salen de lo convencional! Ésta es una que dejará encantados a sus invitados, pues incluye una gloria de la pesca y otra de la granja en un solo manjar.

CONEJO CON CEBOLLAS

Conejo, 600 gramos
Sal y pimienta
Grasa de cerdo,
2 cucharadas
Ajo, 1 diente
Cebollas, 500 gramos
Laurel, 1 hoja
Tomates, 4
Pimentón
Orégano, unas hojitas
Vino blanco seco, 1 vaso
Caldo

- Trozar y salpimentar el conejo.
- Colocar al fuego una cazuela con la mitad de la grasa de cerdo. Poner el ajo picado, las cebollas en juliana y el laurel. Dejar sudar a fuego lento.
- En una sartén, con el resto de la grasa, dorar el conejo. Incorporar la preparación de cebolla. Agregar los tomates pelados y picados, el pimentón y el orégano. Sofreír.
- Verter el vino y reducir. Agregar caldo, que cubra apenas el conejo. Completar la cocción a fuego lento.

CHULETAS DE CORDERO A LA VASCA

Chuletas de cordero,
1 kilo
Grasa de cerdo,
50 gramos
Aceite de oliva, 50 cc
Jamón crudo, 100 gramos
Cebolla, 1 grande
Tomates perita,
500 gramos
Sal y pimienta
Chorizo colorado, 1
Perejil

- Freír las chuletas en una sartén con la grasa de cerdo y el aceite. Disponerlas en una fuente térmica y reservarlas.
- Eliminar un poco de grasa de la sartén. Freír el jamón cortado en cuadraditos. Añadir la cebolla picada y dorarla. Incorporar los tomates *concassé*, salpimentar y cocinar hasta que se forme una salsa. Licuarla y volcarla sobre las chuletas.
- Llevar al horno unos 10 minutos. Disponer arriba el chorizo en rodajas. Pasar a los platos, espolvorear con perejil y servir.

CAZUELA DE CORDERO

INGREDIENTES

Cebollas, 100 gramos

Zanahorias, 100 gramos

Apio, 1 cogollo

Blanco de 2 puerros grandes

Morrones, 100 gramos

Aceite de oliva, 100 cc

Ajo, 1 cabeza

Pierna de cordero, 1 kilo

Sal y pimienta

Vino tinto, 250 cc

Tomates, 300 gramos

Tomillo

Papas, 500 gramos

Arvejas, 50 gramos

Alcauciles, 2

Caldo de carne (página 174)

Laurel, 1 hoja

◉ Picar las cebollas, las zanahorias, el apio, los puerros y los morrones. Rehogarlos en una cazuela con un poco de aceite. Añadir la cabeza de ajo entera.

◉ Aparte, saltear en el resto de aceite de oliva el cordero bien salpimentado. Incorporarlo a la cazuela de las verduras. Salpimentar, verter el vino y reducir.

◉ Cortar los tomates *concassé* y freírlos. Agregarlos a la cazuela junto con el tomillo, las papas, las arvejas y los alcauciles limpios. Cubrir con caldo, perfumar con el laurel y cocinar durante 1 hora.

◉ Rectificar el condimento y retirar la cabeza de ajo. Cortar la pierna de cordero en tajadas. Servir todo bien caliente.

PALABRA DE CHEF

Bienaventurados los argentinos que pueden enorgullecerse de su cordero patagónico, considerado el mejor del mundo por los conocedores. ¡A disfrutarlo en esta cazuela fuera de serie!

CAZUELA DE CORDERO CON MIEL

INGREDIENTES

Pierna de cordero, 1

Sal y pimienta

Aceite de oliva, 100 cc

Caldo de carne,

1 y ½ a 2 litros

Cebollas, 400 gramos

Ajíes verdes, 200 gramos

Coñac, 100 cc

Vino tinto, 100 cc

Azafrán en hebras,

1 papelito

Almendras tostadas,

50 gramos

Clavos de olor, 2

Canela, ½ cucharadita

Azúcar morena,

1 cucharada

Miel, 2 cucharadas

Vinagre de vino tinto,

1 cucharada

Ciruelas pasas, 12

Fécula de maíz,

20 gramos

◎ Deshuesar la pierna de cordero y cortarla en trozos medianos. Salpimentarla y dorarla en una sartén con la mitad del aceite de oliva. Pasarla a una cazuela de barro. Verter el caldo y cocinar lentamente.

◎ Picar las cebollas. Cortar los ajíes en cuadraditos de 2 por 2 cm, aproximadamente. Rehogar ambas hortalizas en la sartén con el aceite restante. Flamear con el coñac. Incorporar el vino y reducir. Añadir este preparado a la cazuela.

◎ Hacer una majada machacando en el mortero el azafrán, las almendras, los clavos, la canela y el azúcar, hasta obtener una pasta fina. Agregar la miel, el vinagre y un poco de caldo de la cocción. Reservar.

◎ A mitad de cocción del cordero agregar las ciruelas pasas. Casi al final incorporar la majada y rectificar el condimento. Espesar con la fécula disuelta en un poco de agua fría.

◎ Acompañar con papas redonditas salteadas con aceite de oliva y hierbas.

CORONA DE CORDERO

4-6 PORCIONES

INGREDIENTES

Costillar de cordero, 1

Papas, 200 gramos

Zanahorias, 200 gramos

Habas peladas,
200 gramos

Arvejas, 100 gramos

Chauchas, 100 gramos

Tomates, 200 gramos

Huevos, 2-3

Pan rallado, 2 cucharadas

Sal y pimienta

Tomillo, orégano y perejil

Ajo, 1 diente

Pan del día anterior,
200 gramos

Aceite de oliva

Jamón crudo, 150 gramos

◎ Marcar el costillar de cordero para poder formar la corona. Atarla, ponerla en una asadera y sellarla en el horno.

◎ Mientras tanto, hervir las papas y las zanahorias, colarlas y cortarlas en dados chicos. Blanquear las habas, las arvejas y las chauchas, escurrirlas y picar las chauchas.

◎ Mezclar todas las hortalizas cocidas con los tomates *concassé*, los huevos batidos y el pan rallado. Condimentar con sal, pimienta, las hierbas y el ajo picado. Debe quedar una pasta espesa.

◎ Apoyar sobre una placa la base de un molde desmontable forrada con papel de aluminio. Acomodar encima la corona y disponer la pasta en el hueco central. Hornear durante 20 minutos.

◎ Hacer *croutons* cortando el pan del día anterior en cubitos y friéndolos en aceite de oliva junto con el jamón, también en cubitos. Esparcir todo sobre el relleno de la corona.

◎ Acompañar con ensalada verde.

PALABRA DE CHEF

Cuando decida lucirse con la sensacional presentación de este plato en una cena formal, tenga en cuenta este secreto para el éxito: busque un costillar de 2,400 kilos, aproximadamente, pues esto indica que el cordero era de unos 9 kilos y estaba en su peso óptimo.

GREIXERA DE CORDERO

4 PORCIONES

INGREDIENTES

Cebolla grande, 1
Zanahorias, 75 gramos
Morrón grande, 1
Apio, 1
Puerro grande, 1
Aceite de oliva
Cordero, 800 gramos
Ajo, 1 diente
Sal y pimienta
Vino tinto, 250 cc
Tomates, 250 gramos
Tomillo, 1 ramita
Laurel, 1 hoja
Arvejas, 50 gramos
Papas, 500 gramos

◦ Trozar las verduras y rehogarlas en una cazuela de barro con aceite. Incorporar el cordero, también trozado, y el ajo picado. Saltear todo junto, salpimentar y verter el vino. Cocinar 2 minutos.

◦ Añadir los tomates *concassé* previamente fritos aparte. Perfumar con el tomillo y el laurel. Verter un poco de agua. Agregar las arvejas y las papas, cortadas en trozos irregulares, no muy chicos. Cocinar durante 1 hora.

◦ Servir muy caliente en la misma cazuela.

DE TIERRAS SOLEADAS

La greixera es un guiso potente y sabroso, típico de Cataluña y Mallorca, que se hace siempre en cazuela de barro.

GUISO DE MOLLEJAS DE CORDERO SOBRE TORTA DE PAPAS

4 PORCIONES

INGREDIENTES

Mollejas de cordero,
1 kilo

Sal y pimienta

Aceite de oliva

Vino blanco, 100 cc

Garbanzos, 400 gramos

Caldo de verduras, 250 cc

Zanahorias, 2

Cebolla, 1

Ajo, 2 dientes

Blanco de 2 puerros

Tomates, 6

TORTA DE PAPAS

Papas grandes, 4

Panceta ahumada,
50 gramos

Huevos, 2

Tomillo

Perejil

Limpiar bien las mollejas. Salpimentarlas y saltearlas muy rápidamente en aceite de oliva. Desglasar con el vino. Añadir los garbanzos previamente remojados y hervidos. Verter el caldo, mezclado con la misma cantidad de agua de la cocción de los garbanzos. Salpimentar.

Aparte, hacer un fondo con todas las verduras picadas, rehogándolas en aceite de oliva e incorporándolas según sus tiempos de cocción. Salpimentar, añadir a la preparación de mollejas y reducir.

TORTA DE PAPAS

Hornear las papas con piel. Pelarlas y cortarlas en rodajas.

Saltear la panceta ahumada hasta que quede crocante.

Mezclar suavemente los huevos con sal, pimienta, tomillo y perejil.

Enmantecar o aceitar una sartén de hierro para horno. Disponer la panceta y las papas. Volcar despacio la mezcla de huevos. Llevar a horno fuerte hasta que cuaje. Salpimentar, desmoldar y cortar en cuatro.

Ubicar en los platos la torta de papas y repartir encima las mollejas. Esparcir arriba una majada hecha con piñones, almendras, perejil y caldo de la cocción de los garbanzos.

PALETILLA DE CORDERO A LA MALLORQUINA

2 PORCIONES

INGREDIENTES

Paletilla de cordero,
1 de 1,200 kilo

Aceite de oliva

Papas, 2

Sal y pimienta

Cebollas grandes, 2

Morrones, 2

Ají verde, 1

Berenjena, 1

Tomates perita, 4

Ajo, 2 dientes

Romero, 3 ramitas

Laurel, 1 hoja

◉ Salpimentar la carne en una sola pieza, rociarla con aceite de oliva y ponerla en una asadera de tamaño algo mayor. Llevarla al horno hasta que se dore. Retirarla.

◉ En el fondo de la misma asadera disponer las papas, peladas y cortadas en rodajas de 1 cm de grosor. Salpimentar y cubrir con las verduras cortadas en cuadrados grandes, los tomates *concassé*, los ajos picados, el romero y el laurel. Rociar con aceite de oliva y salpimentar.

◉ Acomodar la paletilla arriba y tapar con papel de aluminio, cerrando herméticamente la asadera. Hornear a 180° durante 1 hora. A los 15 minutos verificar que haya suficiente jugo; si es necesario, verter un poco de caldo de carne. Volver a tapar y continuar la cocción hasta que se cumpla el tiempo total.

◉ Partir la paletilla por la mitad y servir.

ENTRE NOS

Esta receta pertenece a una de mis abuelas; como antiguamente no existía el papel de aluminio, ella usaba papel sulfurizado. Con este braseado (cocción en el líquido que sueltan los ingredientes) se logra que el jugo del cordero se mezcle con las verduras y éstas transmitan su aroma a la carne. Hay versiones que incorporan almendras, llevan otro tipo de verduras y hasta se cubren con acelga.

PIERNA DE CORDERO AL HORNO

2-3 PORCIONES

INGREDIENTES

Sal gruesa

Aceite de oliva

Pimienta de molinillo

Pimentón picante,
1 cucharadita

Pierna de cordero,
1 de 2 kilos

Ajo, 1 cabeza

Tomillo fresco,
unas ramitas

Limones, 2

Papas, 2 kilos

Sal y pimienta

Manteca, 100 gramos

Cebollas de verdeo, 4

Almendras tostadas,
80 gramos

Piñones, 80 gramos

Vino blanco, 1 copa

◎ Mezclar en un bol sal gruesa, aceite de oliva, pimienta y el pimentón picante. Pintar prolijamente la pierna de cordero con esta mezcla. Apoyarla sobre papel de aluminio. Rodearla con los ajos (sin pelar, aplastados), el tomillo y ¼ de limón. Verter por arriba el resto de la mezcla de aceite. Cerrar el papel.

◎ Llevar a horno fuerte (220°) durante 10 minutos. Bajar la temperatura del horno a 180° y continuar la cocción, calculando en total unos 40 minutos por kilo. El cordero debe quedar jugoso en su interior.

◎ Mientras tanto, preparar la guarnición. Marcar las papas en aceite de oliva. Escurrirlas y disponerlas en una placa, junto con los limones restantes cortados en cuartos. Salpimentar y rociar con aceite. Hornear hasta que las papas estén tiernas, revolviendo con frecuencia.

◎ En una sartén con un poco de manteca y aceite rehogar las cebollas de verdeo trozadas.

◎ Incorporar las almendras y los piñones, saltear todo junto un momento y volcar sobre las papas.

◎ Cuando el cordero esté casi a punto, sacarlo del papel de aluminio. Acomodarlo en una fuente para servir y ubicar la guarnición alrededor, eliminando los limones y las ramitas de tomillo. Los ajos se pueden dejar, si no están quemados.

◎ Pasar a una sartén el jugo que quedó en el papel. Reducirlo a fuego fuerte, junto con el vino. Ligar con el resto de la manteca y verter por arriba del cordero.

Pierna de cordero rellena con espinacas y piñones

6 PORCIONES

INGREDIENTES

Pierna de cordero,
1 de 1 y ½ kilo

Sal y pimienta

Vino blanco, 1 vaso

Ajo, 3 dientes

Laurel, 2 hojas

Romero, 1 ramita

Espinaca, 4 atados

Aceite de oliva

Piñones, 50 gramos

Dátiles sin carozo, 9

Caldo de carne, 500 cc

(página 174)

◎ Deshuesar la pierna y abrirla. Salpimentarla y marinarla 2 ó 3 horas con el vino, 2 ajos, el laurel y el romero.

◎ Saltear la espinaca en un poco de aceite, junto con el otro diente de ajo y los piñones.

◎ Sacar la carne de cordero de la marinada. Extender sobre ella la espinaca e intercalar los dátiles. Enrollar y atar.

◎ Ubicar la pierna en una asadera, con su hueso, las hierbas de la marinada y el caldo. Cocinar en horno muy caliente.

◎ Retirar, quitar el hilo y cortar en rodajas. Bañar con el jugo de la cocción, colado.

◎ Acompañar con papas salteadas con ajo y tomillo.

ENTRE NOS

Los piñones son las semillas de los pinos mediterráneos, que en la Argentina se encuentran en algunos lugares de la costa atlántica de la provincia de Buenos Aires. También existen los piñones de araucaria, que los aborígenes usaban para hacer harina, y con ella, una especie de pan o torta.

Aves

Pato al vinagre de Módena
(plato mediterráneo)

INGREDIENTES

Puerro, 1

Zanahoria, 1 chica

Cebolla, 1 chica

Pato, 1

Sal y pimienta

Aceite de oliva,

3 cucharadas

Échalotes, 6

Beurre manie,

1 cucharadita

Aceto balsámico,

1 cucharada

Manteca, 10 gramos

◎ Cortar en rodajas el puerro, la zanahoria y la cebolla. Dividir el pato en cuartos y deshuesarlo. Quitar la piel de las patas, pero no la de las pechugas.

◎ Ubicar los huesos en una asadera y llevarlos al horno hasta que se doren bien.

◎ Mientras tanto, colocar 1 litro de agua en una olla, llevar a hervor y echar las verduras. Incorporar los huesos y hervir ½ hora para obtener un caldo sabroso. Colar y reservar.

◎ Salpimentar las patas, arrollarlas formando cilindros y envolverlas en papel de aluminio. Cocinarlas 15 minutos en horno caliente. Retirarlas y mantenerlas al calor.

◎ En una sartén disponer la mitad del aceite de oliva, las échalotes picadas y la *beurre manie*. Disolverla bien. Añadir 4 cucharadas de caldo de pato y salpimentar. Reducir a la mitad y reservar esta salsa.

◎ En otra sartén, con el resto del aceite, dorar las pechugas y salpimentarlas. Llevar a horno caliente de 3 a 5 minutos, según el grosor de las pechugas. Retirarlas y quitarles la piel.

◎ Cortar al sesgo las pechugas y en rodajas los cilindros de patas. Distribuir en platos precalentados.

◎ Dar un último hervor a la salsa, agregándole el aceto balsámico y la manteca. Rociar el pato y servir con una ensalada fresca.

De tierras soleadas

El aceto balsámico es un vinagre de mosto de uva que ha dado merecida fama a la ciudad italiana de Módena; de ahí el nombre de esta especialidad.

ESCALDUMS DE NADAL

INGREDIENTES

Pavo, 1 kilo

Sal y pimienta

Jugo de limón

Harina

Aceite

Papas, 2 kilos

Carne de cerdo cocida,

750 gramos

Cebollas, 2

Ajo, 1 diente

Huevos, 3

Mejorana, unas hojitas

Laurel, 2 hojas

Tomates, 4

Coñac, 1 copa

Nuez moscada

Almendras, 50 gramos

◎ Trozar el pavo y hervirlo en agua con sal. Escurrirlo y sazonarlo con sal, pimienta y jugo de limón. Pasarlo por harina, freírlo en aceite y reservarlo.

◎ Cortar las papas en rodajas. Freírlas y reservarlas.

◎ Picar finamente la carne de cerdo, las cebollas y el ajo. Unir con los huevos. Salpimentar y perfumar con la mejorana. Hacer albóndigas y pasarlas por harina. Freírlas y reservarlas.

◎ En una cazuela con un fondo de aceite sofreír un poco de cebolla y ajo picados, mejorana y laurel. Añadir los tomates picados, el coñac y la nuez moscada. Agregar un poco de caldo de la cocción del pavo. Retirar parte de esta salsa.

◎ Colocar en la cazuela los trozos de pavo, las papas y las albóndigas. Echar por encima la salsa que se había retirado. Esparcir las almendras picadas y cocinar 5 minutos más. Servir caliente.

PALABRA DE CHEF

El nombre de este plato viene de "escaldar", que significa cocinar un alimento en un líquido que hierve despacio, haciendo pequeñas burbujas.

COCINA

BERRETEAGA EXPRESS
Choly Berreteaga

COCINA EN UN ABRIR Y CERRAR DE LATAS
Choly Berreteaga

LA COCINA SANA DE UTILÍSIMA
Cecilia de Imperio

MICROONDAS - COCINA BÁSICA
Manuel Aladro

MICROONDAS 2 - CON FREEZER
Manuel Aladro

TODO DULCE
Maru Botana

PANADERÍA CASERA
Choly Berreteaga y Marcelo Vallejo

COCINA PARA LOS QUE NO TIENEN NI IDEA
Christian Vitale y Cecilia Urribarri

MANUALIDADES

300 DISEÑOS PARA ESTÉNCIL
Susana Olveira

HÁGALO USTED MISMA
María José Roldán

PINTURA DECORATIVA
Bibiana Álvarez Roldán y Martín Palacios Añaños

TODO PARA FIESTAS (COCINA Y MANUALIDADES)
Élida de López y Patricia Masjuan

TODO PARA EL BEBÉ
Marina Orcoyen

TODO RECICLADO
Bibiana Álvarez Roldán

CORTE Y CONFECCIÓN
Hermenegildo Zampar y María Laura Poratto

Pulpo a la feira *(pág. 27)*

Coca con tomates y anchoas *(pág. 18)*
Escalivada *(pág. 21)*

Almejas a la marinera *(pág. 31)*
Brocheta de langostinos *(pág. 40)*

Brandada de bacalao *(pág. 53)*
Caracoles en salsa *(pág. 51)*

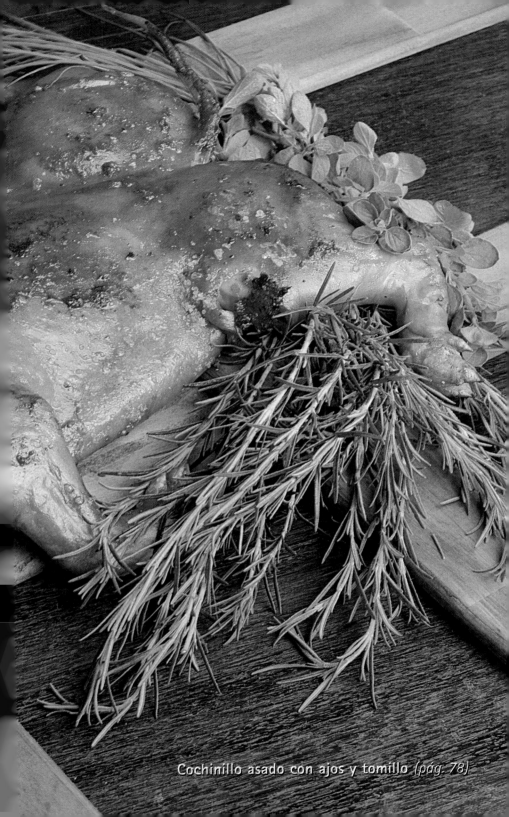

Cochinillo asado con ajos y tomillo *(pág. 78)*

Conejo con rape *(pág. 82)*
Cazuela de cordero *(pág. 84)*

Paella *(pág. 166)*

Arroz negro con sepia y gírgolas *(pág. 165)*
Butifarra catalana con hongos y coliflor *(pág. 61)*

Langosta a la mallorquina *(pág. 119)*

Hermoso rodaballo a mi manera *(pág. 145)*
Merluza negra con habas, camarones y pimentón *(pág. 149)*

Sopas mallorquinas *(pág. 180)*
Sopas escaldadas *(pág. 179)*

Crema catalana *(pág. 201)*
Flan de naranjas *(pág. 205)*

Ensaimadas *(pág. 204)*

MAR Y MUNTANYA

INGREDIENTES

Pollo, 1

Sal y pimienta

Aceite de oliva, 100 cc

Cigalas crudas enteras, 4

Langostinos crudos,
enteros, 8

Vieiras con coral, 4

Cebollas, 150 gramos

Tomates perita grandes,
4-5

Caldo de ave, 500 cc
(página 175)

Vino blanco seco, 150 cc

Anís seco, 1 cucharada

Ajo, 4 dientes

Perejil, unas ramitas

Pan de campo frito,
1 tajada

Chocolate, 30 gramos

Almendras, 10

⊚ Dividir el pollo en presas y salpimentarlo. Dorarlo ligeramente en una sartén, con parte del aceite de oliva. Escurrirlo y reservarlo.

⊚ Saltear los mariscos en el mismo aceite. Cuando se doren, retirarlos y descartar el exceso de aceite.

⊚ Rehogar en la misma sartén las cebollas y los tomates picados. Salpimentar, incorporar el pollo y verter el caldo. Hervir y cocinar a fuego lento unos 20 minutos.

⊚ Añadir el vino y el anís. Reducir. Cocinar 10 minutos más. Incluir nuevamente los mariscos.

⊚ Preparar una majada con los ajos, el perejil, el pan frito, el chocolate y las almendras tostadas, mojando todo con un poco del líquido de la cocción. Agregarla a la preparación y seguir cocinando hasta que el pollo esté tierno.

⊚ Rectificar el condimento y servir.

PALABRA DE CHEF

El nombre de esta creación habla de nuestra perseverancia en mezclar en una misma preparación lo que nos regala la geografía. Aquí usé pollo y mariscos, pero los ingredientes pueden variar. Pruebe... y después me cuenta.

JAMONCITOS DE POLLO CON SALSA DE CHOCOLATE

INGREDIENTES

Panceta fresca,
200 gramos

Cebolla, 1

Blanco de 2 puerros

Zanahorias, 200 gramos

Champiñones,
200 gramos

Cebollitas chicas, 8

Papines, 350 gramos

Muslos de pollo, 12

Sal y pimienta

Harina

Aceite de oliva, 100 cc

Tomillo, unas ramitas

Salsa de tomates,
300 gramos
(página 189)

Coñac, 1 copa

Vino tinto, 1 copa

Salsa española, 200 cc

Caldo

Chocolate, 1 tableta

◎ Picar la panceta, la cebolla y los puerros. Tornear las zanahorias y cortar los champiñones en cuartos. Blanquear las cebollitas y freír ligeramente los papines.

◎ Salpimentar los muslitos de pollo sin piel. Pasarlos por harina y freírlos en el aceite, junto con la panceta. Escurrir y pasar a una cazuela de barro.

◎ Rehogar en el mismo aceite la cebolla, el puerro y el tomillo. Agregar la salsa de tomates. Cuando hierva, mojar con el coñac y el vino. Dejar evaporar el alcohol y reducir. Volcar en la cazuela. Agregar la salsa española y caldo hasta cubrir la preparación. Tapar y cocinar a fuego lento.

◎ Incorporar las zanahorias, las cebollitas, los papines y los champiñones. Cocinar todo junto. Añadir el chocolate rallado, sazonar y servir.

PALABRA DE CHEF

La salsa española es una reducción de la demiglace *(página 73). Para obtenerla, poner en una olla la* demiglace *ya lista y hervirla 30 minutos, espumando constantemente. Cuando esté bien concentrada, colar y utilizar.*

SUPREMAS DE POLLO CON PAPAS ANNA

4 PORCIONES

INGREDIENTES

Papas grandes, 4

Manteca clarificada,
300 gramos aprox.

Sal y pimienta

Supremas de pollo, 4

Trufas, 2

Manteca, 50 gramos

Aceite de oliva,
3 cucharadas

Oporto, 100 cc

Crema de leche, 50 cc

◎ Cortar las papas en rodajas finas y sumergirlas en agua fría. Escurrirlas y secarlas con un paño.

◎ Utilizar cazuelitas o moldes individuales. Disponer un poco de manteca clarificada en el fondo. Acomodar en forma circular rodajas de papas, encimándolas parcialmente hasta cubrir la base del recipiente. Salpimentar y rociar con manteca clarificada. Colocar de la misma manera 4 o 5 capas más. Tapar herméticamente y calentar sobre el fuego. Llevar a horno fuerte de 35 a 40 minutos.

◎ Mientras tanto, hacer incisiones en las pechugas e introducir en ellas láminas de trufas. Salpimentarlas y cocinarlas en la mezcla de manteca y aceite. Retirarlas y mantenerlas al calor.

◎ Desglasar el fondo de cocción con el oporto y la crema. Reducir para obtener la salsa. Salpimentar y, si se desea, ligar con un poco de manteca clarificada.

◎ Desmoldar las papas Anna en los platos, ubicar arriba las supremas, salsear y servir.

MANTECA CLARIFICADA

Es una manteca liviana, que se consigue eliminando grasa y suero mediante un procedimiento sencillo.

◎ Colocar 1 kilo de manteca dentro de un tubo de acero inoxidable. Poner el tubo a baño de María, cuidando que no hierva el agua. Al cabo de unos 15 minutos, cuando la grasa y el suero se hayan depositado en el fondo del tubo, retirarlo del baño y volcar en un recipiente limpio la manteca que habrá quedado en la parte superior. Esta operación debe realizarse despacio y con cuidado.

◎ Por cada kilo de manteca se obtienen de 750 a 800 gramos de manteca clarificada. La cantidad que no se use en el momento se puede conservar unos días en la heladera e incluso congelar.

Setas
y verduras

ALCAUCILES RELLENOS CON CARNE

4 PORCIONES

INGREDIENTES

Alcauciles, 8

Grasa de cerdo, 25 gramos

Aceite de oliva, 1/2 vaso

Carne de cerdo magra, 150 gramos

Carne de ternera, 100 gramos

Ajo, 2 dientes

Cebollas, 2

Perejil picado, 1 cucharada

Hierbabuena, 1 ramita

Harina, 1 cucharada

Pan rallado, 25 gramos

Leche, 1 vaso

Coñac, 1/2 copa

Paté de hígado, 30 gramos

Jamón crudo, 20 gramos

Huevo, 1

Salsa española, 250 cc (página 98)

◎ Limpiar los alcauciles, hervirlos 20 minutos en agua con sal y limón, escurrirlos y reservarlos.

◎ En una sartén calentar la grasa de cerdo y el aceite de oliva. Freír las carnes ya picadas y condimentadas con el ajo. Incorporar las cebollas picadas y freírlas. Agregar el perejil, la hierbabuena, la harina, el pan rallado, la leche y el coñac.

◎ Cuando el relleno esté cocido, apagar el fuego. Añadir el paté de hígado y el jamón cortado en cuadraditos. Dejar enfriar y unir con el huevo.

◎ Rellenar los alcauciles. Ponerlos en una asadera. Incorporar la salsa española y llevar 15 minutos al horno. Servir.

ENTRE NOS

El alcaucil o alcachofa, de procedencia árabe, se emplea mucho en la cocina española. Los corazones crudos, meramente aliñados con sal, pimienta y aceite de oliva, son una delicia.

Alubias al Monte Igueldo

3-4 PORCIONES

INGREDIENTES

Alubias blancas,
500 gramos

Cebolla, 1

Ajo, 2 dientes

Perejil, 2 cucharadas

Morrones, 3

Jamón crudo, 150 gramos

Aceite de oliva

Sal y pimienta

◉ Dejar las alubias en remojo toda la noche. Escurrirlas, ponerlas en una cacerola y cubrirlas con agua fría. Llevar al fuego y cocinar muy despacio, espumando con frecuencia. Cada vez que rompa el hervor añadir un poco de agua fría, tres veces.

◉ Picar la cebolla, los ajos y el perejil. Cortar los morrones en cuadraditos y el jamón en cubos.

◉ Calentar el aceite en la sartén. Rehogar la cebolla y los ajos. Añadir los morrones, el perejil y el jamón. Salpimentar con precaución.

◉ Incorporar esta preparación a las alubias. Completar la cocción, tratando de que no queden muy secas ni muy caldosas. Si es necesario, licuar 2 ó 3 cucharadas de alubias y agregarlas para espesar.

DE TIERRAS SOLEADAS

Plato vasco que alude a un monte de San Sebastián donde están ubicados algunos de los mejores restaurantes de Europa.

Cazuela con huevos

INGREDIENTES

Papas, 200 gramos

Tomates perita, 2

Cebolla, 1

Carne magra de cerdo,
100 gramos

Aceite de oliva, 100 cc

Atadillo aromático, 1

Caldo de verduras, 500 cc

Corazones de alcauciles,
300 gramos

Arvejas, 100 gramos

Coliflor, 200 gramos

Habas peladas,
100 gramos

Huevos duros, 8

Sal y pimienta

◉ Cortar las papas en cubos y los tomates *concassé*. Picar la cebolla y la carne de cerdo.

◉ Sofreír en aceite la carne, la cebolla y los tomates. Añadir el atadillo aromático, el caldo, los corazones de alcauciles, las papas, las arvejas y la coliflor. Hervir, agregando más caldo si hiciera falta.

◉ Cuando las verduras estén cocidas, añadir las habas. Ubicar sobre los vegetales los huevos duros en mitades, con la yema hacia abajo. Salpimentar y cocinar 5 minutos más.

◉ Se puede servir espolvoreada con perejil picado.

ENTRE NOS

Esta receta mediterránea nos da la posibilidad de combatir el aburrimiento, pues presenta un ingrediente de consumo habitual, como el huevo, de un modo distinto. Ya se sabe que los huevos fritos son riquísimos, pero vale la pena cambiar de vez en cuando.

MENESTRA DE VERDURAS Y HORTALIZAS

INGREDIENTES

Nabos, 4

Puntas de espárragos verdes, 300 gramos

Arvejas, 300 gramos

Chauchas, 300 gramos

Pencas de acelga, 300 gramos

Zanahorias, 300 gramos

Cardos, 300 gramos

Zapallitos largos, 300 gramos

Zanahorias, 300 gramos

Papas pequeñas, 12

Huevos, 2-3

Harina

Aceite de oliva

Cebolla, 1

Chorizo colorado, 100 gramos

Jamón crudo, 150 gramos

Champiñones grandes, 12

Sal y pimienta

● Limpiar todas las verduras y hortalizas. Cocinar cada una (excepto la cebolla y los champiñones) por separado en agua con sal. Escurrirlas cuando estén tiernas.

● Rebozar con huevo y harina las pencas de acelga, los cardos y las puntas de espárragos. Freír y reservar.

● En una sartén o cazuela, disponer un poco de aceite de oliva. Rehogar la cebolla picada, sin que tome color. Incorporar el chorizo colorado en rodajas y la mitad del jamón en cuadraditos. Revolver e ir incorporando los champiñones y las demás verduras, menos las fritas. Verter un poco de agua o caldo. Disponer encima las hortalizas fritas. Terminar de cocinar todo junto y salpimentar.

● Servir en la misma cazuela, con la otra mitad del jamón por arriba.

PALABRA DE CHEF

Las menestras son guisos de fondas y masías o casas de campo que aprovechan todos los productos de la tierra.

Pastel de Setas con Coliflor y Espinaca

INGREDIENTES

Setas, 600 gramos

Cebolla chica, 1

Grasa de cerdo,

60 gramos

Espinaca, 3 atados

Manteca, 60 gramos

Coliflor, 400 gramos

Huevos, 6

Crema de leche,

1,200 litro

Sal y pimienta

SALSA

Huesos de pollo,

200 gramos

Huesos de ternera,

200 gramos

Atadillo aromático, 1

Cebolla chica, 1

Zanahoria chica, 1

Puerros, 2

Apio, 250 gramos

Ajos, 2 dientes

Setas, 90 gramos

Manteca, 60 gramos

Vino blanco, 120 cc

Crema de leche, 300 cc

Sal y pimienta

◎ Limpiar y filetear las setas. Picar la cebolla. Rehogar ambas en la grasa de cerdo.

◎ Cocer ligeramente la espinaca, escurrirla y rehogarla en la manteca.

◎ Cocer la coliflor en agua con un poco de leche. Escurrirla y separarla en ramitos pequeños.

◎ Batir los huevos, agregarles la crema y salpimentar. Dividir este batido en 3 partes y mezclar una con las setas, otra con la espinaca y la última con la coliflor.

◎ Dentro de un molde enmantecado poner en capas primero espinaca, luego coliflor y finalmente setas, cubriendo cada capa con hojas de espinaca.

◎ Tapar con papel de aluminio y cocinar en horno moderado, a baño de María, durante 1 hora, aproximadamente. Retirar y desmoldar.

Salsa

◎ Hacer un caldo con los huesos, el atadillo aromático y agua para cubrir.

◎ Picar finamente las hortalizas, los ajos y las setas. Rehogar todo en la manteca. Verter el vino, reducir y agregar el caldo. Cuando todo esté bien cocido, añadir la crema.

◎ Pasar por colador chino, salpimentar y servir con el pastel frío.

PIMIENTOS DE PIQUILLO RELLENOS

4 PORCIONES

INGREDIENTES

Pimientos de piquillo, 2 kilos

Vino dulce, 1 copa

Sal y pimienta

Manzana, 1

Batatas, 300 gramos

Pasas de uva, 30 gramos

Almendras, 50 gramos

Sobrasada, 50 gramos

Grasa de cerdo, 200 gramos

Carne de cerdo magra, 200 gramos

Canela

Miga de pan, 30 gramos

Huevos, 2

Cebolla, 1

Tomate maduro, 1

Caldo de ave, 250 cc (página 175)

◎ Macerar los pimientos con el vino, sal y pimienta.

◎ Picar finamente la manzana, las batatas, las pasas, las almendras y la sobrasada. Sofreírlas en una cazuela con 100 gramos de grasa de cerdo, hasta obtener un color rubio.

◎ Unir la preparación anterior con la carne de cerdo picada, la canela, la miga de pan y los huevos.

◎ Rellenar con la mezcla los pimientos escurridos. Sofreírlos en la grasa de cerdo restante hasta que estén dorados.

◎ Aparte sofreír la cebolla y el tomate, picados. Agregar el caldo y volcar sobre los pimientos. Cocinar a fuego lento hasta que estén tiernos.

PALABRA DE CHEF

No vacile en comprar los pimientos de piquillo enlatados, de procedencia española. Son excelentes para rellenarlos con cualquier mezcla.

TERRINA CALIENTE DE SETAS Y SOBRASADA

6 PORCIONES

INGREDIENTES

Tomates, 500 gramos

Aceite de oliva, 100 cc

Ajo, 2 dientes

Setas, 1,200 kilo

Sobrasada, 400 gramos

Huevos, 5

Crema de leche, 250 cc

Sal y pimienta

Nuez moscada

◉ Cortar en cubitos los tomates, sin piel y sin semillas. Saltearlos en aceite, junto con un diente de ajo.
◉ Trozar las setas y saltearlas por separado en aceite con otro diente de ajo. Añadirlas a los tomates y cocinar 3 minutos.
◉ Llenar un molde hasta la mitad con la preparación de setas, intercalar la sobrasada y cubrir con el resto de setas.
◉ Mezclar los huevos con la crema y sazonar con sal, pimienta y nuez moscada. Volcar lentamente esta mezcla sobre las setas. Llevar a horno a 180º, a baño de María, aproximadamente 2 horas.
◉ Retirar, desmoldar y cortar en tajadas.
◉ Se puede acompañar con *coulis* de tomates al orégano: En una sartén con un poco de aceite de oliva sofreír 3 dientes de ajo. Agregar 6 tomates en cubitos, sin piel ni semillas. Salpimentar y perfumar con orégano picado. Cocinar 1 hora, aproximadamente. Añadir una pizca de azúcar si resultara ácido.

ENTRE NOS
Con esta creación demostramos que los franceses no tienen la exclusividad en el refinado rubro gastronómico de las terrinas. Nosotros también sabemos hacerlas, y muy bien.

Mariscos

CALDERETA DE PESCADOS Y MARISCOS

INGREDIENTES

Salmón blanco,
300 gramos

Salmón rosado,
300 gramos

Abadejo, 300 gramos

Blanco de 3 puerros

Zanahoria, 1

Cebollas chicas, 2

Aceite de oliva, 50 cc

Azafrán, 2 cápsulas

Fumet de pescado

(página 173)

Ajo, 2 dientes

Callos de vieiras con
coral, 200 gramos

Langostinos limpios,
300 gramos

Pulpo cocido, 200 gramos

Sal y pimienta

Tomates, 200 gramos

Perejil

Anís seco, 1 cucharada

◎ Cortar los pescados en trozos de 3 por 3 cm, aproximadamente.

◎ Aparte, picar el puerro, la zanahoria y las cebollas en *mirepoix* muy chico. Rehogarlos en aceite de oliva. Incorporar el azafrán diluido en fumet y reservar.

◎ Disponer aceite de oliva en una sartén. Incorporar los ajos picados y cocinar sin dorar. Añadir los pescados y saltearlos. Agregar todos los mariscos y saltear vivamente. Salpimentar e incorporar el fondo de verduras con azafrán. Mojar con fumet. Cocinar a fuego fuerte 1 minuto. Incorporar los tomates *concassé* y rectificar la sazón. Añadir el perejil picado y el anís.

PALABRA DE CHEF

La caldereta se puede servir directamente en platos. Si se le quiere dar una presentación más importante, repartirla en cazuelitas individuales de porcelana o barro. Pintar los bordes con yema y tapar con un disco de masa de hojaldre, también pintado con huevo. Llevar al horno hasta cocinar el hojaldre y servir, para que los comensales se deleiten liberando los aromas al quebrar el hojaldre.

CALDERETA DE RAPE CON LANGOSTA

4 PORCIONES

INGREDIENTES

Langostas crudas, 2

Rape, 8 medallones

Sal y pimienta

Harina, 50 gramos

Aceite de oliva, 150 cc

Sepias,
1 grande o 2 chicas

Langostinos crudos,
enteros, 8

Cigalas, 4

Mejillones vivos, 12

Orégano

Coñac, 200 cc

Ajo, 4 dientes

Cebollas, 2

Tomates, 400 gramos

Vino blanco, 200 cc

Piñones, 50 gramos

Pasas de uva, 50 gramos

Fumet (como el de página
173, pero hecho con las
cabezas de las langostas)

Laurel, 1 hoja

Pimentón, 1 cucharadita

PICADA

Almendras tostadas,
80 gramos

Ajo, 3 dientes

Perejil, 2 cucharadas

◉ Partir las langostas por la mitad. Utilizar las cabezas para hacer fumet. Dividir las colas en 4 partes, sin quitarles el caparazón.

◉ Salpimentar los medallones de rape y pasarlos por harina. Dorarlos en una cazuela con aceite de oliva. Añadir los trozos de langosta y dorar vivamente.

◉ Aparte limpiar las sepias, sacándoles la piel, y cortarlas en cuadraditos de 1 y 1/2 cm de lado. Disponerlas en una sartén con aceite de oliva. Incorporar los langostinos, las cigalas y los mejillones. Condimentar con sal, pimienta y orégano. Freír y verter el coñac. Volcar en la cazuela con el rape y la langosta.

◉ Picar los ajos y las cebollas. Rehogarlos en la sartén, con un poco de aceite de oliva, junto con los tomates *concassé*. Salpimentar, verter el vino y dejar evaporar el alcohol. Añadir los piñones y las pasas. Incorporar a la cazuela. Mojar con el fumet, que apenas cubra todos los ingredientes. Perfumar con el laurel y espolvorear con el pimentón. Cocinar 10 minutos.

◉ Hacer la picada con los ingredientes mencionados y un poco de fumet.

◉ Cuando la preparación de la cazuela esté lista, rectificar el condimento, incorporar la picada y servir.

ENTRE NOS

Este plato tiene que comerse con las manos; una buena servilleta para no ensuciarse la ropa y una buena pinza para romper los caparazones de los mariscos.

Cazuelitas de champiñones con mariscos

4 PORCIONES

INGREDIENTES

Champiñones,
500 gramos

Aceite de oliva, 80 cc

Ajo, 2 dientes

Vino blanco seco, 100 cc

Sal y pimienta

Langostinos crudos,
limpios, 200 gramos

Callos de vieiras,
200 gramos

Mejillones limpios,
200 gramos

Pulpo cocido, 200 gramos

Jerez, 50 cc

Pimentón, 1 cucharada

Fuet, 200 gramos

Almendras tostadas,
50 gramos

Perejil, unas ramitas

⊚ Cortar los champiñones en láminas. Saltearlos muy rápidamente en un poco de aceite de oliva, junto con los ajos picados. Verter el vino y salpimentar.

⊚ Por separado, saltear en el aceite restante los langostinos y los callos de vieiras. Añadir los mejillones y el pulpo. Echar el jerez y condimentar con el pimentón, sal y pimienta.

⊚ Cortar el fuet en tajadas y distribuirlo en cazuelitas. Acomodar encima los champiñones con su jugo. Disponer por arriba los mariscos, también con su jugo. Esparcir las almendras y el perejil, ambos picados. Cocinar 1 minuto a fuego fuerte.

⊚ Servir en las mismas cazuelitas.

PALABRA DE CHEF

Para que los champiñones no pierdan sabor, el secreto está en no lavarlos. Basta con limpiarlos con una servilleta o un repasador secos.

ESTOFADO DE MARISCOS CON CHAUCHAS

4 PORCIONES

INGREDIENTES

Sepias, 2

Langostinos enteros, 16

Chauchas, 500 gramos

Cebolla grande, 1

Morrón grande, 1

Aceite de oliva, 100 cc

Laurel, 1 hoja

Tomillo, una ramita

Almejas vivas,

500 gramos

Tomates perita, 4

Almendras tostadas, 6

Ajo, 2 dientes

Perejil, 2 cucharadas

Fumet de pescado,

1 litro aprox.

(página 173)

Sal y pimienta

◉ Cortar las sepias en tiras. Pelar los langostinos, pero mantener las cabezas unidas al cuerpo. Blanquear las chauchas. Reservar todo.

◉ Cortar la cebolla y el morrón en trozos pequeños. Sofreírlos en el aceite de oliva, junto con el laurel y el tomillo, hasta dorar ligeramente.

◉ Agregar las sepias y dar unas vueltas en la sartén. Incorporar las almejas, los langostinos y los tomates rallados.

◉ Picar las almendras, los ajos y el perejil. Mojar con un poco de fumet y añadir a la preparación. Salpimentar y estofar.

◉ Verter el fumet. Cuando comience a hervir, incorporar las chauchas. Cocinar unos minutos. Rectificar el condimento y servir.

ENTRE NOS

¿A quién se le habrá ocurrido la idea de estofar mariscos? Francamente no lo sé... pero puedo asegurarle que quedan maravillosos.

Mariscos al ajillo

INGREDIENTES

Aceite de oliva, 50 cc

Ajo, 6 dientes

Guindilla, 4 trozos

Almejas vivas, 8

Mejillones, 16

Ostiones, 8

Pulpo cocido, 400 gramos

Callos de vieiras,
200 gramos

Langostinos limpios,
200 gramos

Sal y pimienta

Pimentón, 1 cucharada

Fumet de pescado, 200 cc
(página 173)

◉ Colocar el aceite en una sartén sobre el fuego. Añadir los ajos cortados en rodajitas finas y la guindilla. Cuando empiece a freír, agregar las almejas. Darlas vuelta varias veces hasta que comiencen a abrirse. Incorporar los mejillones y los ostiones, que se abrirán en seguida por efecto del calor. Agregar el resto de los mariscos y saltear vivamente. Salpimentar, espolvorear con el pimentón y dar unas vueltas. Verter el fumet caliente y hervir ½ minuto.

◉ Los mariscos deben quedar todos en su punto; para que ninguno se pase es importante respetar el orden de incorporación.

◉ Rectificar el condimento y servir.

PALABRA DE CHEF

La intención de este plato es ofrecer un ajillo con más ingredientes que los clásicos (angulas y langostinos) y un añadido de pimentón.

LANGOSTA A LA IBICENCA

4 PORCIONES

INGREDIENTES

Ajo, 4 dientes

Tomates perita, 4

Aceite de oliva, 150 cc

Langosta cocida, 1

Rape, 400 gramos

Camarones crudos,

100 gramos

Langostinos limpios,

200 gramos

Mejillones, 12

Cigalas, 8

Calamares, 200 gramos

Sal y pimienta

Aguardiente gallego,

1 copa

Caldo de la cocción

de la langosta

Almejas, 8

Huevos duros, 2

Perejil

◉ Picar los ajos y los tomates y rehogarlos en una sartén con el aceite. Incorporar la langosta trozada, el rape también en trozos y los mariscos, menos las almejas. Freír fuerte. Salpimentar, flamear con el aguardiente y apagar con el caldo. Cocinar durante unos 5 minutos, con el recipiente tapado.

◉ Incorporar las almejas, esperar que se abran y servir en la misma sartén, con los huevos duros partidos y un toque de perejil picado.

DE TIERRAS SOLEADAS

La langosta del Mediterráneo está considerada una de las mejores del mundo, y en Ibiza saben prepararla como los dioses. He aquí una muestra.

LANGOSTA A LA MALLORQUINA

INGREDIENTES

Langosta cocida,
400 gramos

Sal y pimienta

Aceite de oliva

Cebolla grande, 1

Tomates, 200 gramos

Ajo, 2 dientes

Pimentón

◎ Trozar la langosta, salpimentarla y freírla en aceite. Reservar caliente.

◎ Agregar a la sartén la cebolla, los tomates y los ajos, todo finamente picado. Salpimentar y hacer un sofrito.

◎ Incorporar la langosta y rehogarla unos minutos. Agregar pimentón disuelto en ½ taza de agua y cocinar a fuego lento hasta reducir.

CAZUELA DE PULPO

INGREDIENTES

Aceite de oliva, 50 cc

Pulpo cocido, 800 gramos

Vino blanco, 100 cc

Pimentón, 2 cucharadas

Sal y pimienta

Salsa de tomates, 400 cc
(página 189)

Papas, 400 gramos

◎ Calentar el aceite en una cazuela de barro e incorporar el pulpo. Añadir el vino, dejar evaporar el alcohol y reducir. Espolvorear con el pimentón, revolver y salpimentar. Agregar la salsa de tomates.

◎ Cortar las papas a la española. Freírlas por separado.

◎ Repartir las papas en el fondo de los platos y colocar sobre ellas el pulpo.

PULPITOS ESTOFADOS

INGREDIENTES

Pulpitos, 400 gramos

Aceite de oliva, 50 cc

Ajo, 4 dientes

Cebolla, 1

Sal y pimienta

Laurel y tomillo

Salsa de tomates, 200 cc
(página 189)

Papas, 500 gramos

Vino blanco seco, 100 cc

Fumet de pescado
(página 173)

Canela, 1 pizca

◎ Si los pulpitos son muy chicos, dejarlos enteros; si son medianos, cortarlos por la mitad o en trozos. Ponerlos en una olla con agua fría. Llevar a hervor, cocinar apenas ½ minuto y escurrir.

◎ Calentar el aceite de oliva en una sartén. Añadir 2 ajos y la cebolla, todo picado. Disponer los pulpitos y rehogar. Sazonar con sal, pimienta, laurel y tomillo. Agregar la salsa de tomates, revolviendo. A los 2 minutos incluir las papas cortadas en dados. Rociar con el vino y algo de caldo de pescado para que todo quede cubierto. Seguir cocinando hasta que los pulpitos estén tiernos y las papas a punto.

◎ Majar en el mortero los ajos restantes y mezclarlos con la canela, incorporando un poco de fumet. Añadir a la sartén hacia el final de la cocción.

◎ Se puede servir con perejil picado por arriba.

PALABRA DE CHEF

Los pulpitos importados de Chile o de España son de calidad inobjetable y no hace falta hervirlos antes de incorporarlos a la preparación.

LANGOSTINOS A LA PLANCHA

1 PORCIÓN

INGREDIENTES

Langostinos grandes,
crudos, enteros, 6

Sal gruesa

Aceite de oliva

Pimienta

◉ Cortar las antenas de los langostinos.

◉ Disponer sal gruesa sobre la plancha. Colocar los langostinos, todos en el mismo sentido, y rociarlos con aceite de oliva. Al cabo de 1 y ½ minuto darlos vuelta. Continuar asando, rociándolos con aceite. Pimentar cuando estén cocidos.

◉ Servir con salsa a elección (romesco, allioli, etc.). Presentar un bol con agua tibia y limón para mojar los dedos, ya que se comen con la mano.

LANGOSTINOS AL CAVA

1 PORCIÓN

INGREDIENTES

Manteca, 20 gramos

Aceite de oliva,
1 cucharada

Langostinos grandes,
crudos, limpios, 8

Coñac, 1 cucharada

Cava, ½ copa

Sal y pimienta negra
de molinillo

Salsa americana, 50 cc
(página 187)

Crema de leche,
3 cucharadas

◉ En una sartén, calentar la manteca con el aceite. Cuando baje la espuma, acomodar los langostinos. Saltear 10 segundos. Flamear con el coñac, verter el cava y salpimentar.

◉ Añadir la salsa americana y la crema. Reducir, removiendo para que los langostinos no se peguen. Deben quedar firmes, pero no demasiado cocidos.

LANGOSTINOS A LA BARCELONA

INGREDIENTES

Almendras, 20 gramos

Azafrán, 4 hebras

Aceite de oliva,

2 cucharadas

Ajo, 1 diente

Échalotes, 3

Perejil picado,

1/2 cucharada

Langostinos crudos,

limpios, 8

Vino blanco seco,

3 cucharadas

Fumet de pescado, 50 cc

(página 173)

Sal

Pimienta blanca

de molinillo

Harina mezclada con

aceite de oliva,

1/2 cucharadita

◉ Filetear las almendras y dorarlas en el horno, para que queden bien crujientes.

◉ Hidratar el azafrán en 2 cucharadas de fumet de pescado.

◉ En una sartén, calentar el aceite a punto de primer humo. Incorporar el ajo picado y dorarlo apenas. Añadir las échalotes picadas y el perejil. Rehogar 1 minuto, revolviendo con cuchara de madera.

◉ Incorporar los langostinos y saltear muy rápidamente para que tomen color. Verter el vino y reducir a fuego fuerte 1 minuto. Agregar el fumet de pescado, sal, pimienta y la mezcla de harina y aceite. Cuando ligue, echar el fumet con el azafrán y terminar con las almendras.

DE TIERRAS SOLEADAS

En homenaje al pueblo catalán va esta receta que glorifica uno de sus mariscos favoritos: los suculentos langostinos o gambas del luminoso Mediterráneo.

Langostinos con Gírgolas

4 PORCIONES

INGREDIENTES

Gírgolas, 600 gramos

Aceite de oliva, 50 cc

Cebolla, 1

Ajo, 2 dientes

Tomates, 6

Sal y pimienta

Langostinos limpios, 32

Coñac, 100 cc

◉ Quitarles los tallos a las gírgolas, procurando que queden enteras.

◉ Disponer la mitad del aceite en una sartén. Rehogar la cebolla picada, los ajos también picados y los tomates *concassé*. Incorporar las gírgolas y salpimentar. Cocinar unos 3 minutos, hasta que estén blandas. Si se quedaran sin líquido, agregar un poco de fumet de pescado.

◉ En otra sartén, calentar el resto del aceite. Saltear vivamente los langostinos y flamear con el coñac (¡ojo!, no quemarse las pestañas).

◉ Una vez cocidos los langostinos vuelta y vuelta, calentar las gírgolas. Repartirlas en los platos como base, con todo el jugo que tengan. Arriba distribuir los langostinos, también con su jugo de cocción.

◉ La combinación de los caldos dará un sabor inigualable a la preparación.

PALABRA DE CHEF

Las tendencias más modernas de la gastronomía revalorizan las gírgolas, hongos de sabor maravilloso que armonizan perfectamente con los langostinos y el coñac.

ROMESCO DE LANGOSTINOS

INGREDIENTES

Pimiento seco, 1

Ajo, 2 dientes

Perejil, una ramita

Cebolla, 50 gramos

Guindilla, 1/2

Tomates, 3

Pan frito, 1 rebanada

Vinagre de vino tinto,
4 cucharadas

Caldo de verduras, 500 cc

Aceite de oliva,
2 cucharadas

Sal y pimienta

Langostinos crudos,
enteros, 16

Laurel, 1 hoja

◉ Remojar el pimiento seco en agua caliente durante 1 hora, quitarle las semillas y picarlo.

◉ Ponerlo en la licuadora junto con los ajos, el perejil, la cebolla y la guindilla. Añadir los tomates, sin piel ni semillas, y el pan en trocitos. Agregar el vinagre y la mitad del caldo. Licuar y unir con 1 cucharada de aceite de oliva para obtener la salsa romesco. Salpimentar y reservar.

◉ Calentar el resto del aceite en una sartén y saltear vivamente los langostinos enteros. Cuando tomen un buen color rojo, salpimentarlos, verter el caldo restante y perfumar con el laurel.

◉ Incorporar el romesco reservado. Cocinar 2 minutos para que todo se integre. Servir.

ENTRE NOS

Para saborear este plato hay que arremangarse, porque la gracia está en pelar los langostinos en el momento, con las manos, y mojar pan en la salsa que queda.

CALAMARES RELLENOS

INGREDIENTES

Calamares, 8

Aceite de oliva, 50 cc

Carne magra de cerdo,

150 gramos

Cebollas, 200 gramos

Champiñones,

250 gramos

Camarones, 200 gramos

Perejil picado,

2 cucharadas

Sal y pimienta

Coñac, 1 copa

Piñones, 30 gramos

Pasas de uva, 30 gramos

Crema de leche, 50 cc

Huevos, 2

Harina

SALSA

Cebolla, 1/2

Aceite de oliva

Champiñones,

150 gramos

Vino blanco, 200 cc

Salsa americana, 300 cc

(página 187)

Fumet de pescado, 300 cc

(página 173)

Crema de leche, 100 cc

◉ Limpiar los calamares. Trozar los tentáculos y las aletas. Reservar.

◉ Calentar la mitad del aceite y saltear la carne de cerdo finamente picada. Añadir los tentáculos y aletas de los calamares, las cebollas picadas y los champiñones fileteados. Agregar los camarones, el perejil, sal y pimienta. Flamear con el coñac. Incorporar los piñones, las pasas y la crema. Reducir a fuego fuerte. Dejar enfriar un poco y unir con los huevos batidos.

◉ Rellenar las bolsas de los calamares, en forma no muy abundante. Cerrar con palillos. Enharinar ligeramente y salpimentar. Freír en el resto del aceite por ambos lados. Escurrir y colocar en olla plana.

SALSA

◉ Picar la cebolla. Rehogarla en aceite de oliva junto con los champiñones. Mojar con el vino. Reducir a 1/3. Añadir la salsa americana y el fumet de pescado. Hervir unos minutos.

◉ Verter la salsa sobre los calamares y hervir a fuego lento. Probar la sazón. Al final, agregar la crema de leche.

◉ Acompañar con arroz blanco bien condimentado con curry.

Sepias con cebollas

INGREDIENTES

Sepias limpias, 1 y ½ kilo

Aceite de oliva,
3 cucharadas

Ajo, 1 cabeza

Cebollas, 2 kilos

Tomates, 500 gramos

Laurel, 2 hojas

Sal y pimienta

Perejil picado,
4 cucharadas

Coñac, 1 copa

Pasas de uva, 50 gramos

Piñones, 25 gramos

⊙ Cortar las sepias en dados de 2 y ½ cm, aproximadamente. Lavarlas y escurrirlas.

⊙ Calentar la mitad del aceite en una sartén. Incorporar 5 dientes de ajo picados y las cebollas en juliana fina. Cocinar hasta que estén casi doradas, pero no quemadas. Agregar los tomates *concassé* y el laurel. Salpimentar.

⊙ Disponer el resto del aceite en otra sartén. Añadir los otros ajos picados y el perejil. Freír ligeramente. Incorporar los dados de sepia, sofreír unos minutos y flamear con el coñac.

⊙ Unir esta preparación con la de cebollas. Agregar las pasas y los piñones. Cocinar a fuego lento unos 30 minutos, aproximadamente.

⊙ Rectificar el condimento y servir, con papas fritas a la española.

PALABRA DE CHEF

La sepia se parece al calamar, pero su carne es más gruesa y suave. En su interior tiene una "barquilla" que le da rigidez, como si fuera una columna vertebral. Se presta para cocciones breves y queda más tierno por dentro que por fuera.

ZARZUELA DE PESCADOS Y MARISCOS

4 PORCIONES

INGREDIENTES

Calamar grande, 1
Cebollas, 2
Morrón, 1
Aceite de oliva, 50 cc
Tomates perita, 2
Filetes de abadejo,
400 gramos
Salmón blanco,
400 gramos
Harina
Sal y pimienta
Vino blanco, 100 cc
Ron, 50 cc
Fumet de pescado, 400 cc
(página 173)
Camarones crudos,
200 gramos
Mejillones limpios,
100 gramos
Mejillones con media
valva, 4
Callos de vieiras,
200 gramos
Almejas vivas, 8

MAJADA

Perejil picado,
2 cucharadas
Ajo, 2 dientes
Pan lácteo frito, 2 rodajas
Azafrán, 1 cápsula

◎ Limpiar el calamar y hervirlo hasta que esté tierno.

◎ Hacer un fondo con las cebollas y el morrón picados, rehogándolos en el aceite de oliva hasta que estén bien blandos. Incorporar los tomates *concassé* y cocinar unos minutos. Reservar.

◎ Trozar los pescados, pasarlos por harina y salpimentarlos. Dorarlos en una sartén con un poco de aceite de oliva. Verter el vino y flamear con el ron. Añadir el fumet y el fondo de verduras reservado. Incorporar el calamar trozado y los otros mariscos (menos las almejas).

◎ Colocar las almejas con algo de fumet en una cacerolita. Tapar y llevar a fuego fuerte. En cuanto se abran pasarlas a la sartén, con todo el líquido. Salpimentar y añadir la majada, que se hace licuando los ingredientes mencionados junto con un poco de fumet.

◎ Servir en fuente o en platos hondos. No olvidarse de las cucharas, pues la sopa que queda es riquísima.

ENTRE NOS

La lírica se enlaza con el arte de la buena cocina en este plato monumental. Para elaborarlo no es imprescindible saber cantar: la frescura de los productos es la clave que garantiza una ovación.

Pescados

Atún al estilo de Cambrils

INGREDIENTES

Hierbas picadas (romero, tomillo, orégano, albahaca, perejil), 1/2 cucharadita

Vino tinto, 1 litro

Atún, 4 filetes

Manteca, 40 gramos

Aceite de oliva

Extracto de carne, 40 cc

Pimienta negra en grano, 2 cucharadas

Sal

⊘ Mezclar las hierbas con el vino en una fuente grande. Colocar los filetes y marinarlos durante 1 hora.

⊘ Secar los filetes con un paño. Saltearlos en una sartén con la manteca y un poco de aceite, dándolos vuelta, hasta que tomen un color rosado. Minutos antes de que estén a punto distribuir sobre ellos, en forma pareja, el extracto de carne, la pimienta machacada y sal a gusto. Dar vuelta y mantener con la sazón hacia abajo 1 minuto más. Disponerlos en los platos, con la sazón hacia arriba.

⊘ Agregar a la sartén el vino de la marinada (aproximadamente 2/3 de taza) y reducirlo a la mitad, sobre fuego vivo. Verter sobre el atún y servir de inmediato.

Bacalla a la llauna
(bacalao "hecho en lata")

INGREDIENTES

Bacalao desalado, 700 gramos

Harina

Aceite de oliva

Ajo, 2 dientes

Tomate, 1

Sal y pimienta

Pimentón dulce, 1/2 cucharadita

Vino blanco seco, 1 vaso

⊘ Cortar el bacalao en trozos gruesos. Pasarlos por harina y dorarlos en una sartén con aceite. Secarlos con papel absorbente y ponerlos en una asadera aceitada.

⊘ Agregar un poco más de aceite a la sartén. Saltear los ajos picados junto con el tomate también picado (sin piel ni semillas). Sazonar con sal, pimienta y pimentón. Verter el vino y reducir hasta obtener una salsa espesa.

⊘ Cubrir los trozos de bacalao con la salsa y llevar a horno precalentado a 200º. Dejar de 10 a 15 minutos, hasta que esté cocido.

PALABRA DE CHEF

El nombre de este plato se refiere al recipiente que se emplea para la cocción, que es de metal, por oposición a la cazuela de barro.

ALBÓNDIGAS DE BACALAO

4 PORCIONES

INGREDIENTES

Pan blanco, 1 rebanada

Leche

Pan de campo,
1 rebanada

Bacalao desalado,
200 gramos

Laurel, 1 hoja

Perejil picado,
1 cucharada

Ajo, 6 dientes

Huevo, 1

Cebolla, 1

Harina, 100 gramos

Aceite, 2 cucharadas

Tomates, 2

Vino blanco, 1 vaso

Sal y pimienta

Fumet de pescado,
1/2 taza (página 173)

⊚ Remojar el pan blanco en leche. Freír el pan de campo.

⊚ Blanquear el bacalao unos minutos en agua hirviendo con el laurel. Dejarlo enfriar en el agua. Picarlo muy finamente.

⊚ Mezclarlo con el pan blanco exprimido, el perejil, la mitad de los ajos picados, el huevo y un poco de cebolla picada. Unir bien. Formar albóndigas y pasarlas por harina. Dorarlas en el aceite, escurrirlas y reservarlas.

⊚ Poner en el mortero el pan frito y el resto de la cebolla y de los ajos. Incorporar los tomates pelados y picados, hacer una pasta y agregar el vino.

⊚ Colocar 1 cucharada de aceite en una cazuela de barro. Agregar la pasta del mortero y rehogar. Salpimentar ligeramente y verter el fumet de pescado (o agua). Incorporar las albóndigas. Tapar la cazuela y mantener a fuego lento hasta completar la cocción.

DE TIERRAS SOLEADAS

El bacalao es uno de los ingredientes principales de la cocina catalana. Esta preparación constituye un recurso ingenioso para aprovechar los trozos chicos que no sirven para otros platos.

Bacalao al ajoarriero

4 PORCIONES

INGREDIENTES

Bacalao desalado,
400 gramos

Morrones, 3

Cebollas, 300 gramos

Ají verde, 1

Tomates, 500 gramos

Pimientos choriceros, 2

Aceite de oliva, 300 cc

Ajo, 6 dientes

Sal y azúcar

Grasa de cerdo,
100 gramos

Huevos, 2

Perejil

PAPAS CON CEBOLLAS

Papas, 2 kilos

Aceite común

Cebollas, 200 gramos

Sal y pimienta

◎ Cortar el bacalao en tiritas. Picar muy bien los morrones, las cebollas y el ají. Cortar los tomates *concassé*. Remojar los pimientos choriceros y después picarlos.

◎ En una sartén con 100 cc de aceite de oliva rehogar los morrones y 2 dientes de ajo. Cocinar muy despacio hasta que los morrones estén tiernos.

◎ En otra sartén con 100 cc de aceite de oliva cocer la cebolla, el ají y los tomates. Condimentar con sal y azúcar. Una vez bien cocido, procesar o licuar.

◎ Calentar en otra sartén la grasa de cerdo, con los otros 100 cc de aceite de oliva y los ajos restantes. Agregar el bacalao y freír ligeramente. Añadir el fondo de morrones, el licuado y los pimientos choriceros. Cocinar unos 15 minutos, aligerando con un poco de fumet de pescado si quedara muy espeso.

◎ A último momento incorporar los huevos batidos, mezclando como para hacer un revuelto. Espolvorear con abundante perejil picado y servir sobre una base de papas con cebollas.

PAPAS CON CEBOLLAS

◎ Cortar las papas en cubos. Freírlas en aceite, sin dorarlas mucho. Añadir las cebollas picadas.

◎ Retirar, salpimentar y pisar groseramente con tenedor, sin llegar a hacer puré, pero integrando bien todo. Escurrir el aceite si hubiera quedado.

DE TIERRAS SOLEADAS

Los pimientos choriceros son pimientos rojos secados al sol. Si se los muele hasta reducirlos a polvo se obtiene el pimentón.

BACALAO FRITO CON SANFAINA

4 PORCIONES

INGREDIENTES

Berenjenas, 3

Cebollas, 3

Tomates, 400 gramos

Ajo, 4 dientes

Perejil

Morrones, 2

Bacalao desalado,
700 gramos

Harina, 50 gramos

Aceite

Jerez, 1 copa

Sal y pimienta

◎ Trozar las berenjenas con piel. Cortar las cebollas en rodajas y los tomates *concassé*. Picar los ajos y el perejil. Asar los morrones y cortarlos en tiras.

◎ Secar el bacalao, pasarlo por la harina y dorarlo en aceite. Escurrirlo.

◎ En la misma sartén freír las berenjenas. Retirarlas y rehogar las cebollas. Incorporar los ajos, el perejil, los tomates y el jerez. Cocinar hasta que las verduras estén tiernas. Salar moderadamente y pimentar. Añadir las berenjenas y los morrones.

◎ Colocar el bacalao en una cazuela de barro y cubrirlo con la sanfaina. Terminar de cocinar en el horno, de 10 a 12 minutos.

DE TIERRAS SOLEADAS

La sanfaina es un guisado de verduras típicamente catalán, emparentado con el pisto gallego y la ratatouille *provenzal.*

Cazuela de Bacalao a la Mallorquina

INGREDIENTES

Bacalao desalado,
800 gramos

Harina

Aceite común

Ajo, 2 dientes

Cebollas, 2

Cebollas de verdeo, 2

Perejil, 2 cucharadas

Tomates perita, 4

Aceite de oliva, 100 cc

Espinaca, 200 gramos

Pasas de uva, 50 gramos

Champiñones o gírgolas,
200 gramos

Sal y pimienta

Papas fritas a la española

Salsa de tomates
(página 189)

Fumet de pescado, 200 cc
(página 173)

Azafrán

Vino blanco

Pan rallado

Aceite de oliva

◉ Cortar el bacalao en trozos. Secarlos y enharinarlos. Freírlos en aceite común, escurrirlos y reservarlos.

◉ Para el fondo, picar los ajos, las cebollas comunes, las de verdeo y el perejil. Cortar los tomates *concassé*. Hacer un sofrito rehogando todo en el aceite de oliva. Incorporar espinaca picada, pasas de uva y champiñones o gírgolas. Dejar sudar unos minutos. Salpimentar.

◉ En una fuente chica y plana colocar las papas fritas a la española y arriba el bacalao frito. Cubrir con el fondo. Mojar con salsa de tomates y algo de fumet de pescado con azafrán y vino blanco.

◉ Disponer por arriba pan rallado y un chorrito de aceite de oliva. Llevar a horno fuerte para dorar rápidamente la superficie.

PALABRA DE CHEF

¡Ojo con el bacalao "trucho"! A la hora de comprarlo, exija que sea genuino. Y recuerde que es importante desalarlo perfectamente: si 48 horas no son suficientes, déjelo en remojo un día más.

Cazuela de Pescados y Mariscos

Ingredientes

Cebolla grande, 1

Ajo, 3 dientes

Aceite de oliva

Morrón picado,

2 cucharadas

Laurel, 2 hojas

Vino blanco, 100 cc

Tomates perita, 12

Fumet de pescado

(página 173)

Calamar grande, 1

Pescados de carne firme,

600 gramos

Langostinos crudos,

limpios, 8

Mejillones, 8

Callos de vieiras,

100 gramos

Camarones, 100 gramos

Almejas, 8

Sal y pimienta

◎ Picar la cebolla y los ajos. Rehogarlos en aceite de oliva junto con el morrón y el laurel.

◎ Cuando todo esté tierno mojar con el vino y dejar evaporar el alcohol. Añadir los tomates *concassé*, sin piel ni semillas. Verter un poco de fumet, llevar a ebullición y cocinar 20 minutos, aproximadamente, hasta que adquiera consistencia de salsa.

◎ Mientras tanto limpiar el calamar, trozarlo y hervirlo hasta que esté tierno. Escurrirlo y agregarlo a la salsa. Incorporar los pescados trozados y los demás mariscos. Salpimentar y cocinar hasta que todos estén a punto, cuidando que ninguno se pase.

◎ Espolvorear con perejil picado antes de servir.

Entre nos

Existen infinidad de versiones de esta receta típica. Lo principal es controlar el punto de cocción de los mariscos, para que queden jugosos.

ALL CREMAT DE PESCADO

6 PORCIONES APROX.

INGREDIENTES

Abadejo, 1/2 kilo

Papas, 600 gramos

Tomates, 6

Ajo, 10 dientes

Aceite de oliva, 100 cc

Fumet de pescado

(página 173)

Sal y pimienta

⊚ Cortar el abadejo en trozos de 2 por 2 cm, aproximadamente, las papas en dados de 1 y 1/2 cm y los tomates *concassé*. Filetear los ajos.

⊚ Calentar el aceite en una sartén amplia y dorar bien los ajos, pero no quemarlos. Retirarlos con espumadera y reservarlos.

⊚ En el mismo aceite sofreír los tomates. Añadir las papas y cubrirlas con fumet de pescado en cantidad suficiente para que se cuezan. Salpimentar.

⊚ Casi al final incorporar el pescado. Mientras se cocina, majar los ajos en el mortero.

⊚ Colocar en platos hondos una base de ajos y arriba la preparación de pescado con todo su caldo. Servir en seguida, con gajos de limón.

BESUGO A LA ESPALDA

4 PORCIONES ·

INGREDIENTES

Besugos, 4

Sal y pimienta

Manteca

Aceite de oliva

Guindillas, 2

Ajo, 4 dientes

Papas torneadas, 12

Perejil

⊚ Descamar los besugos. Abrirlos por la mitad, incluida la cabeza, sin partirlos del todo. Sacar todas las espinas. Limpiar bien las branquias y no dejar rastros de sangre.

⊚ Salpimentarlos y disponerlos en una sartén para horno con una buena cantidad de manteca. Hornear apenas hasta que la carne esté blanca (este dato es muy importante).

⊚ En otra sartén hacer un ajillo con aceite de oliva, las guindillas y los ajos *emincé*, casi dorándolos pero sin quemarlos.

⊚ Ubicar cada besugo en una fuente térmica, junto con 3 papas torneadas. Calentar en el horno.

⊚ Echar por arriba el ajillo y espolvorear con perejil picado. Servir de inmediato, pues debe llegar a la mesa con la espuma que se formará.

CHERNIA A LA MALLORQUINA

INGREDIENTES

Papas, 800 gramos

Aceite de oliva,

2 cucharadas

Chernia,

4 filetes de 200 gramos

Sal y pimienta

Acelga, 1 atado

Cebollas de verdeo, 12

Perejil, 50 gramos

Tomates, 400 gramos

Pasas de uva, 50 gramos

Piñones, 20 gramos

Ajo, 4 dientes

Pimentón dulce,

1 cucharada

Vino blanco seco, 1 vaso

Agua, 1 vaso

◉ Cortar las papas a la española. Cocerlas ligeramente en una sartén con el aceite de oliva.

◉ Pasarlas a una cazuela de barro. Colocar encima los filetes salpimentados.

◉ Cortar los otros ingredientes. Rehogarlos ligeramente en un poco de aceite. Condimentar con sal, pimienta y pimentón.

◉ Colocar esta preparación sobre el pescado. Rociar con el vino y el agua. Tapar con papel de aluminio y cocinar en horno fuerte durante 20 minutos, aproximadamente.

PALABRA DE CHEF

En España la chernia se conoce también como mero o pescado de San Pedro. En la Argentina se consiguen chernias de calidad sublime.

CHERNIA CON AJO, PIMENTÓN Y VINAGRE

4 PORCIONES

INGREDIENTES

Chernia, 4 filetes de 300 gramos, con piel

Sal

Aceite de oliva, 120 cc

Guindilla, 4 rodajitas

Ajo, 2 dientes

Pimentón, 1 cucharada

Vinagre de vino tinto, 2 cucharadas

⊚ Salar los filetes de pescado. Practicar unos cortes sobre la piel, para que no se contraigan al cocinarse. Disponerlos en una fuente térmica con un poco de aceite de oliva. Llevar a horno fuerte 5 minutos.

⊚ Mientras tanto calentar el aceite restante e incorporar la guindilla, los ajos fileteados y el pimentón. Salar y terminar con el vinagre.

⊚ Presentar la chernia en platos o en fuente, con la salsa de vinagre por arriba. Acompañar con papas al natural.

TRILLAS CON HABAS Y FIDEOS NEGROS

4 PORCIONES

INGREDIENTES

Trillas, 12 filetes

Aceite de oliva, 100 cc

Habas peladas, 400 gramos

Camarones, 100 gramos

Pimentón, 1 cucharada

Sal y pimienta

Fumet de pescado (página 173)

Fideos negros cocidos, 200 gramos

Ajo, 2 dientes

Almendras, 50 gramos

⊚ Saltear muy rápidamente los filetes en una sartén con parte del aceite de oliva, para que tomen el color rojo propio de las trillas.

⊚ En otra sartén con aceite cocinar las habas y los camarones con pimentón, sal, pimienta y un poco de fumet.

⊚ Aparte saltear muy rápidamente los fideos negros en aceite de oliva, junto con los ajos picados y las almendras tostadas y picadas.

⊚ Distribuir los fideos en platos blancos. Colocar encima las habas, bien verdes, y los filetes con la piel hacia arriba, bien rojos. Presentar en seguida.

Hojaldre de trillas

INGREDIENTES

Hojaldre crudo,
800 gramos aprox.

Shiitake, 200 gramos

Manteca, 50 gramos

Sal y pimienta

Tomates perita, 2

Tomillo, unas hojitas

Trillas, 8 filetes

Aceite de oliva

Perejil picado,
1 cucharada

Yema, 1

SALSA

Manteca, 50 gramos

Échalotes, 2

Pimienta rosa,
unos granos

Vino blanco, 100 cc

Crema de leche, 100 cc

Sal y pimienta

◎ Enmantecar un molde redondo. Estirar el hojaldre dejándolo de ½ cm de espesor. Cortar un disco del diámetro del molde y reservarlo. Cortar otro disco más grande y usarlo para tapizar el molde, cubriendo la base y la altura. Pinchar la masa y cocinar en horno a 150° alrededor de 10 minutos.

◎ Saltear muy rápidamente los shiitake en la manteca. Salpimentar, incorporar los tomates *concassé* y perfumar con el tomillo.

◎ Disponer esta preparación dentro del molde con la masa precocida, tratando de no incorporar mucho jugo. Acomodar arriba los filetes de trillas (salpimentados y ligeramente untados con aceite de oliva), con la piel para arriba. Espolvorear con el perejil.

◎ Pintar los bordes de la masa con la yema rebajada con agua. Tapar con el disco de hojaldre crudo que se había reservado. Pintar la tapa y llevar a horno durante unos 12 minutos.

SALSA

◎ Derretir la manteca en una cacerolita. Agregar las échalotes picadas y la pimienta rosa. Desglasar con el vino. Incorporar la crema, reducir y salpimentar.

◎ Servir en cada plato una base de salsa y arriba una porción de hojaldre de trillas.

SALMONETES EN INFUSIÓN DE PIMIENTA VERDE AL JEREZ

1 PORCIÓN

INGREDIENTES

Salmonetes, 2 filetes

Sal y pimienta

Fumet de pescado, 200 cc
(página 173)

Pimienta verde,
15 gramos

Jerez, 1/2 copa

Crema de leche, 20 cc

Yema, 1

◎ Verificar que los filetes estén limpios y sin espinas. Salpimentarlos y pocharlos 1 minuto en el fumet, con mucho cuidado.

◎ Mientras tanto poner en una cacerolita la pimienta gruesamente machacada y el jerez. Reducir a la mitad. Incorporar 2 cucharadas de fumet de pescado y salar. Cuando rompa el hervor, añadir la crema de leche. Reducir 1 minuto.

◎ Fuera del fuego, incorporar la yema, batiendo. Volver al fuego para ligar.

◎ Disponer la infusión sobre el plato. Colocar encima los filetes y un poco de salsa (sin pimienta por arriba).

LENGUADO AL CAVA

1 PORCIÓN

INGREDIENTES

Fumet de pescado, 200 cc
(página 173)

Cava demi sec, 1/2 copa

Pasas de uva, 5 gramos

Manteca, 20 gramos

Aceite de oliva,
1 cucharada

Cebolla, 1/2

Manzana verde, 1

Crema de leche,
2 cucharadas

Lenguado, 1 o 2 filetes

Sal y pimienta

◎ Mezclar el fumet y el cava. Calentar y poner las pasas en infusión.

◎ Derretir la manteca en una sartén y añadir el aceite. Incorporar la cebolla en rodajas y rehogar hasta que esté blanda. Añadir la manzana, también en rodajas, y cocinar 2 o 3 minutos, según el grosor. Añadir la crema de leche y 2 cucharadas de fumet de pescado. Reducir y salpimentar.

◎ Salpimentar el lenguado y pocharlo en la mezcla de fumet y champagne (escurriendo previamente las pasas). Pasarlo al plato.

◎ Introducir las pasas en la salsa de crema. Remover y napar el lenguado.

LENGUADO ANDRA MARI

2 PORCIONES

INGREDIENTES

Cebollas, 500 gramos

Aceite

Ajo, 4 dientes

Tomates maduros,

1 y 1/2 kilo

Manteca, 25 gramos

Champiñones,

400 gramos

Pimentón dulce,

1/2 cucharada

Crema de leche, 300 cc

Sal y pimienta

Filetes de lenguado,

800 gramos

Vino blanco seco, 250 cc

Jamón cocido, 50 gramos

Salsa holandesa

(página 189)

Langostinos, 2

Huevo duro, 1

Perejil picado

◉ Picar finamente las cebollas y reservar una. Rehogar las restantes en una cazuela con aceite, junto con 3 dientes de ajo también picados. Añadir los tomates en trozos y cocer 30 minutos. Pasar por pasapuré para obtener una salsa lisa.

◉ En otra cazuela, calentar la manteca y un poco de aceite. Rehogar la cebolla reservada. Agregar el otro diente de ajo picado muy fino y los champiñones fileteados. Cocinar 1/2 hora. Echar el pimentón y la crema. Hervir 10 minutos. Salpimentar y añadir la salsa de tomates.

◉ Enmantecar una asadera y acomodar los filetes, con las puntas recogidas. Cubrirlos con el vino. Hornear 8 minutos.

◉ Pasar los filetes a una fuente térmica, apoyándolos sobre lonjas de jamón. Volcar encima la preparación de champiñones y la salsa holandesa. Volver al horno 3 minutos.

◉ Presentar en la misma fuente, poniendo arriba los langostinos cortados por la mitad a lo largo, un trozo de huevo duro y perejil picado.

DE TIERRAS SOLEADAS

He incluido esta receta como homenaje a la cocina vasca, pues es creación de uno de sus más prestigiosos restaurantes.

LENGUADO EN SALSA CON LANGOSTINOS

INGREDIENTES

Lenguado, 4 filetes de 200 gramos

Sal y pimienta

Aceite de oliva, 50 cc

Champiñones, 200 gramos

Langostinos crudos, limpios, 16

Vino blanco, 100 cc

Salsa de tomates, 100 cc (página 189)

Fumet de pescado, 300 cc (página 173)

Crema de leche, 100 cc

Manteca

Perejil

◎ Salpimentar los filetes por ambos lados. Calentar la mitad del aceite en una sartén antiadherente. Dorar los filetes a fuego muy fuerte, apenas 10 ó 15 segundos por cada lado, para sellarlos. Retirarlos y reservarlos.

◎ Agregar a la sartén el resto del aceite, los champiñones fileteados y los langostinos. Verter el vino, dejar evaporar el alcohol y reducir. Añadir la salsa de tomates y un poquito de fumet de pescado. Salpimentar e incorporar la crema de leche.

◎ Colocar de nuevo los filetes, cocinarlos no más de 3 minutos y pasarlos a los platos.

◎ Volver la sartén al fuego, rectificar la sazón y ligar la salsa con una nuez de manteca. Añadir perejil picado y volcar sobre los filetes.

◎ Acompañar con papas al natural o verduras cocidas.

ENTRE NOS

Para lucirse con la versatilidad del lenguado, no olvide que conviene elegir los filetes del lomo (es decir, de la parte superior), porque son más carnosos.

LENGUADO EN SALSA DE NARANJAS Y ROMERO

4 PORCIONES

INGREDIENTES

Lenguado, 4 filetes de 200 gramos
Sal y pimienta
Aceite de oliva, 2 cucharadas
Jugo de naranjas recién exprimido, 300 cc
Romero, unas hojitas

◎ Seguir el procedimiento del lenguado en salsa con langostinos (página 143).

◎ Una vez sellados los filetes, incorporar a la sartén el jugo de naranjas. Por efecto del calor se reducirá muy rápidamente, lo que acelerará la cocción posterior de los filetes. Disponerlos sobre platos bien calientes.

◎ Incorporar a la sartén las hojitas de romero. Hervir unos segundos. Volcar una cucharada sobre cada filete. Terminar con un toque de pimienta y llevar a la mesa.

◎ Acompañar con un buen arroz azafranado.

POPIETAS DE LENGUADO AL ROMERO

1 PORCIÓN

INGREDIENTES

Lenguado, 2 filetes grandes
Sal y pimienta
Langostinos crudos, limpios, 2
Fumet de pescado, 500 cc (página 173)
Ajo, 4 dientes
Zanahoria, 1/2
Zapallito largo, 1/2
Aceite de oliva
Romero, unas hojitas

◎ Salpimentar los filetes de lenguado. Colocar un langostino en el extremo más ancho de cada filete. Arrollar para armar las popietas y sujetar con palillos.

◎ Pochar las popietas en el fumet.

◎ Asar al horno los ajos con piel hasta que estén blandos. Pelarlos.

◎ Cortar en juliana la zanahoria y el zapallito. Saltearlos muy rápidamente en aceite de oliva. Incorporar el romero y los ajos. Saltear un momento más.

◎ Disponer en los platos las verduras como base y arriba las popietas.

PALABRA DE CHEF
Las popietas son arrolladitos similares a los que se conocen vulgarmente como "niños envueltos".

POPIETAS DE LENGUADO AL VERMUT

INGREDIENTES

Lenguado, 1 filete grande
o 2 medianos
Sal y pimienta
Salmón ahumado,
1 lámina
Fumet de pescado, 200 cc
(página 173)
Limón, 1 rodaja
Manteca, 15 gramos
Échalotes, 2
Vermut blanco seco,
1/2 copa
Crema de leche,
3 cucharadas

◉ Salpimentar los filetes de lenguado. Disponer sobre ellos un trozo de salmón, arrollar para armar las popietas y sujetar con palillos pasados por manteca.

◉ Calentar el fumet en una sartén chica. Cuando hierva, introducir el limón y las popietas. Tapar y hervir 2 minutos.

◉ Mientras tanto, en otra sartén, derretir la manteca. Cuando baje la espuma, agregar las échalotes y rehogar 30 segundos.

◉ Verter el vermut y reducir. Añadir la crema de leche y reducir de nuevo. Incorporar una cucharada de fumet de pescado y salpimentar la salsa.

◉ Disponer en un plato la salsa y arriba las popietas, sin los palillos.

HERMOSO RODABALLO A MI MANERA

INGREDIENTES

Rodaballo, 4 filetes
Jerez seco, 200 cc
Sal y pimienta
Trufas, 50 gramos
Champiñones,
100 gramos
Manteca, 100 gramos
Salsa holandesa
(página 189)

◉ Hacer unos cortes en la piel de los filetes. Disponerlos en una fuente térmica enmantecada, junto con el jerez, y salpimentarlos. Hornear 5 minutos.

◉ Cortar en rodajas las trufas y los champiñones. Saltearlos en manteca y salpimentarlos.

◉ Sacar el líquido de la cocción del rodaballo (dejando los filetes en la fuente) y verterlo sobre las trufas y champiñones. Reducir.

◉ Volcar la salsa holandesa sobre el rodaballo. Gratinar en el horno.

◉ Servir las trufas y los champiñones en el fondo de los platos y arriba los filetes gratinados. Acompañar con papas salteadas en oliva y espolvoreadas con perejil.

MERLUZA ESTILO COSTA BRAVA CON TORTILLA DE BERENJENAS

INGREDIENTES

Grasa de cerdo,
10 gramos

Manteca, 10 gramos

Merluza, 4 filetes
de unos 200 gramos

Sal y pimienta

Jerez, 4 cucharadas

SALSA VERDE

Arvejas bien verdes,
400 gramos

Manteca, 40 gramos

Harina,
1 cucharada colmada

Azúcar, 1 pizca

Leche

SALSA ROSA

Grasa de cerdo,
10 gramos

Manteca, 10 gramos

Tomates muy maduros,
400 gramos

Duraznos en almíbar,
2 mitades

Jerez, 1 cucharada

Harina, 1 cucharada

Leche

◎ Mezclar la grasa de cerdo y la manteca. Untar ligeramente los filetes de pescado. Salpimentarlos y ubicarlos en un recipiente. Cubrirlos con el jerez y marinarlos 2 horas, dándolos vuelta.

◎ Mientras tanto, preparar las salsas y la tortilla.

SALSA VERDE

◎ Blanquear las arvejas. Licuarlas y pasarlas por colador chino.

◎ Derretir la manteca en una sartén y añadir el puré de arvejas, la harina, pizca de azúcar y sal. Mezclar y agregar leche hasta conseguir una salsa verde claro.

SALSA ROSA

◎ Calentar la grasa de cerdo y la manteca en una sartén. Incorporar los tomates picados y los duraznos en trozos. Añadir el jerez y reducir. Agregar la harina y después la leche.

◎ Licuar y pasar por colador chino. Pimentar y salar ligeramente.

TORTILLA DE BERENJENAS

◎ Cortar las berenjenas en tiras. Espolvorearlas con sal gruesa y dejarlas reposar para eliminar el jugo amargo.

◎ Calentar el aceite en una cazuela de barro. Freír ligeramente las berenjenas. Sacarlas de la cazuela. Retirar casi todo el aceite, dejando sólo una película.

◎ Remojar las pasas en agua. Tostar ligeramente los piñones.

Tortilla de berenjenas

Berenjenas, 2

Sal gruesa

Aceite de oliva, 150 gramos

Pasas de uva, 40 gramos

Piñones, 40 gramos

Ajo, 2 dientes

Pan rallado, 2 cucharadas

Leche, 75 cc

Huevos, 2 ó 3

Sal y pimienta

◉ Picar o majar el ajo. Mezclarlo con el pan rallado. Añadir la cantidad justa de leche para formar una pasta espesa. Incorporar las pasas, los piñones y los huevos ligeramente batidos. Salpimentar.

◉ Disponer la berenjenas en el fondo de la cazuela. Volcar arriba la mezcla anterior.

◉ Hornear unos 10 minutos. Desmoldar y cortar.

Preparación final

◉ Sacar el pescado de la marinada. Pasarlo ligeramente por harina. Freírlo en aceite de oliva (puede ser el que se empleó para las berenjenas).

◉ Repartir las salsas en los platos. Ubicar arriba los filetes de merluza. Acompañar con la tortilla.

Palabra de chef

El llus o merluza es uno de los peces más buscados en el Mediterráneo. De las piezas que pesan entre 4 y 5 kilos se obtienen excelentes filetes. En la Argentina, lamentablemente, este pescado no se valora como se merece, y se exporta a países que lo aprecian más.

MERLUZA A LA MALLORQUINA

INGREDIENTES

Cebollas, 4

Morrones, 2

Ajíes verdes, 2

Tomates perita, 8

Champiñones,

100 gramos

Ajo, 2 dientes

Papas grandes, 4

Aceite de oliva, 100 cc

Sal y pimienta

Merluza, 8 medallones

gruesos, con piel

Azafrán en hebras,

1 papelito

Fumet de pescado

(página 173)

Pasas de uva, 25 gramos

Almendras tostadas,

50 gramos

Piñones, 50 gramos

Acelga, 10 hojas grandes

◉ Picar los ajos. Cortar en rodajas las cebollas, los morrones, los ajíes verdes y los tomates sin piel. Filetear los champiñones. Cortar las papas a la española y blanquearlas sumergiéndolas un momento en agua hirviendo.

◉ En una sartén calentar la mitad del aceite. Incorporar los ajos y dorarlos sin quemarlos. Añadir las cebollas y rehogarlas. Incluir los morrones, los ajíes, los tomates, los champiñones y las papas. Salpimentar.

◉ Disponer este fondo en una asadera. Salpimentar los medallones de merluza y colocarlos sobre las verduras. Rociar con el aceite restante.

◉ Hidratar el azafrán en fumet de pescado. Mezclarlo con las pasas de uva (también remojadas en fumet), las almendras y los piñones. Esparcir por arriba de los medallones de merluza. Cubrir con las hojas de acelga sin tallos.

◉ Tapar con papel de aluminio. Llevar al horno a 180° 20 minutos, aproximadamente.

◉ Retirar y servir con ayuda de una espátula, pasando a los platos los medallones de merluza y dejando debajo de ellos las verduras, como guarnición.

MERLUZA NEGRA CON HABAS, CAMARONES Y PIMENTÓN

4 PORCIONES

INGREDIENTES

Berenjenas, 100 gramos

Morrones, 100 gramos

Aceite de oliva,

2 cucharadas

Habas peladas,

400 gramos

Camarones crudos,

limpios, 200 gramos

Sal y pimienta

Pimentón, 1 cucharada

Fumet de pescado

(página 173)

Manteca, 30 gramos

Merluza negra, limpia,

1,200 kilo

◎ Cortar en cuadrados chiquitos las berenjenas con piel y los morrones. Rehogarlos en el aceite de oliva hasta que estén blandos. Incorporar las habas y los camarones, salpimentar y saltear. Añadir el pimentón y un poco de fumet de pescado, apenas lo necesario para que las habas no se friten. Cuando todo esté bien caliente, incorporar la manteca y ligar la salsa.

◎ Dividir la merluza negra en 4 trozos. Salpimentarlos y sellarlos por todos lados en una plancha caliente, untada con aceite de oliva. Cuando estén ligeramente dorados, darlos vuelta con mucho cuidado y continuar la cocción a la plancha, bajando el fuego, o introducirlos unos 8 minutos en el horno muy caliente. Yo prefiero esta segunda opción, porque permite que la alta proporción de grasa que contiene este pescado quede concentrada entre las láminas que componen su carne; es importante que esa grasa se cocine en el menor tiempo posible, para que no se vuelva amarga.

◎ Disponer la preparación de habas en los platos, como base, y arriba la merluza, que quedará muy dorada por fuera y muy jugosa y blanca por dentro.

Rape con salsa de morrones

4 PORCIONES

INGREDIENTES

Morrones grandes, 2

Fumet de pescado, 100 cc
(página 173)

Manteca, 20 gramos

Échalotes, 2

Vino blanco, 50 cc

Sal y pimienta

Harina

Tomillo, unas hojitas

Rape, 8 medallones

Aceite de oliva

GUARNICIÓN

Gírgolas, 200 gramos

Ajo, 1 diente

Jerez, 100 cc

Perejil, unas ramitas

Papas, 2

◎ Asar los morrones al horno. Licuarlos con el fumet de pescado.

◎ Disponer en una sartén la manteca y las échalotes picadas. Incorporar los morrones y el vino. Reducir y salpimentar.

◎ Sazonar la harina con sal, pimienta y tomillo. Pasar por ella los medallones de rape. Freírlos en abundante aceite, dorándolos por ambos lados, pero no secándolos.

GUARNICIÓN

◎ Cortar las gírgolas en tiritas. Saltearlas muy rápidamente en aceite de oliva, junto con el ajo picado. Incorporar el jerez y dejar evaporar el alcohol. Añadir el perejil picado. Mantener al calor.

◎ Cortar las papas en rodajas. Freírlas.

◎ Distribuir las papas fritas en los platos. Colocar arriba las gírgolas con su jugo, al costado la salsa de morrones y encima el pescado frito. Servir.

PALABRA DE CHEF

El rape es tan, pero tan feo de aspecto, que su cabeza inmensa, horrible y no comestible le ha valido el apelativo de pez sapo. Sin embargo, su cuerpo es tan exquisito que se lo considera la langosta de los pescados.

Rape en salsa verde

4 PORCIONES

INGREDIENTES

Aceite de oliva,
2 cucharadas

Ajo, 1 diente

Rape, 8 medallones

Sal y pimienta

Velouté, 250 cc
(página 41)

Fumet de pescado, 200 cc
(página 173)

Langostinos limpios, 16

Angulas, 100 gramos

Azafrán, 1 pizca

Perejil

◉ Calentar el aceite en una cacerola e incorporar el ajo picado.

◉ Salpimentar los medallones de rape, agregarlos y cocinarlos ½ minuto de cada lado.

◉ Agregar la *velouté*. Tapar y llevar a hervor. Cocinar despacio de 3 a 4 minutos. Si resultara demasiado espeso, aligerar con el fumet de pescado.

◉ Añadir los langostinos, las angulas y el azafrán. Llevar otra vez a hervor, con la cacerola destapada. Rectificar la sazón.

◉ Espolvorear con perejil picado y servir con papas con pimentón para acompañar.

PAPAS CON PIMENTÓN

◉ Hervir papas. Saltearlas en aceite de oliva y condimentarlas con pimentón. Salpimentar, añadir tiritas de morrón asado y presentar.

ENTRE NOS

Parece bastante obvio denominar "verde" a esta delicada salsa, por la presencia del perejil. Puedo asegurarle que su atractivo no se basa sólo en el color, pues el aporte de su aroma y sabor también es decisivo para el conjunto.

RAPE EN SALSA DE TOMATES

INGREDIENTES

Rape, 8 rodajas
de unos 100 gramos
(2 cm de grosor)
Sal y pimienta
Harina
Ajo, 4 dientes
Aceite de oliva
Laurel, 2 hojas
Tomates perita, 1 kilo
Fumet de pescado,
1 ó 2 cucharones
(página 173)

◉ Secar los trozos de rape con un paño, salpimentarlos y pasarlos por harina, eliminando el excedente.

◉ Cortar los ajos en rodajitas y dorarlos ligeramente en una cacerola con aceite. Introducir el rape y dorarlo, cuidando que no se queme el ajo. Incorporar el laurel, los tomates *concassé*, el fumet, sal y pimienta.

◉ Cocinar alrededor de 10 minutos, agregando un poco más de caldo si la salsa espesara demasiado. Rectificar el condimento y servir en cuanto el rape esté a punto.

◉ Se puede acompañar con papas al natural.

PALABRA DE CHEF
Esta creación pretende integrar dos elementos tan nobles como el tomate y el rape, sin demasiados adicionales.

BACALAO AL PIL PIL

INGREDIENTES

Aceite de oliva, 500 cc
Ajo, 4 dientes
Bacalao desalado,
8 piezas de 200 gramos
Guindilla roja, 1
Guindilla verde, 1

◉ Llevar al fuego una cazuela con el aceite. Dorar los ajos y retirarlos de la cazuela.

◉ Agregar el bacalao sin espinas, con la piel hacia arriba. Cocinar 8 minutos, aproximadamente. Cuando el bacalao esté cocido, retirar el aceite. Mover la cazuela en forma circular y en vaivén mientras se incorpora poco a poco el aceite que se había retirado, hasta que se forme una salsa algo espesa.

◉ Decorar con los ajos que se emplearon al principio y con las guindillas en rodajas. Servir bien caliente.

SALMÓN ROSADO EN HOJALDRE CON LENTEJAS

INGREDIENTES

Salmón rosado, 4 filetes

Sal y pimienta

Aceite de oliva,
4 cucharadas

Ajo, 2 dientes

Cebolla grande, 1

Tomates perita, 3

Caldo de verduras

Lentejas de cocción
rápida, 250 gramos

Gírgolas grandes, 4

Manteca, 50 gramos

Tomillo, unas hojitas

Hojaldre crudo,
rectángulos (el doble de
tamaño del salmón)

Alcaparras, 2 cucharadas

Yema para pintar

Perejil, unas hojas

◎ Salpimentar los filetes de pescado. Saltearlos vivamente en aceite de oliva, sellándolos de ambos lados sin llegar a cocinarlos por dentro. Escurrirlos y dejarlos enfriar.

◎ Picar los ajos y la cebolla. Rehogarlos en aceite de oliva. Incorporar los tomates *concassé*, salpimentar y mojar con un poco de caldo de verduras. Agregar las lentejas y cocinar, añadiendo caldo a medida que haga falta.

◎ Aparte, saltear las gírgolas en la manteca, con un chorrito de aceite de oliva. Cuando estén blandas, perfumar con el tomillo y salpimentar.

◎ Disponer sobre cada rectángulo de hojaldre una gírgola, un filete de salmón y algunas alcaparras. Doblar la masa cubriendo los demás ingredientes. Pintar el borde con yema y hacer un repulgo, como si fueran empanadas. Apoyarlas en una placa.

◎ Hornear a 150° alrededor de 12 minutos, hasta que se cocinen el hojaldre y el salmón.

◎ Protegido por la masa, el pescado alcanzará su punto ideal sin secarse.

◎ Repartir las lentejas en los platos y ubicar arriba las "empanadas" de salmón. Decorar con hojas de perejil y servir.

SALMÓN ROSADO EN SALSA DE VINO Y UVAS

INGREDIENTES

Salmón rosado, 8 filetes

Pimienta

Vermut blanco seco,
250 cc

Uvas sin semillas,
4 racimos

Sal gruesa, 1 pizca

Manteca, 45 gramos

Crema de leche, 250 cc

Coñac, 1 cucharada

Yemas, 2

◎ Enmantecar una fuente térmica. Disponer prolijamente los filetes de salmón, pimentados. Verter sobre ellos el vermut. Acomodar las uvas. Esparcir por arriba la sal gruesa y 15 gramos de manteca en trocitos.

◎ Cocinar 7 minutos en el horno precalentado a 190°. Sacar los filetes y las uvas y mantener todo al calor.

◎ Pasar el líquido de la fuente a una sartén. Reducir a la mitad. Agregar la crema y cocinar 3 minutos más.

◎ Fuera del fuego, añadir el coñac y las yemas, batiendo. Volver al fuego e integrar el resto de la manteca (unos 30 gramos). La salsa no debe hervir.

◎ Disponer los filetes de salmón en los platos, cubrirlos con la salsa y completar con las uvas. Si es posible, decorar con hojas de parra.

ENTRE NOS

El salmón rosado fresco es difícil de conseguir, pero le aconsejo buscarlo si desea lograr óptimos resultados en esta original creación.

Sardinas escabechadas

4 PORCIONES

INGREDIENTES

Sardinas frescas, 1 kilo

Harina, 150 gramos

Sal y pimienta negra
de molinillo

Aceite de oliva, 1 litro

Vinagre de vino blanco,
250 cc

Ajo, 1 cabeza

Laurel, 3 hojas

Romero, 1 ramita

Pimentón, 1 cucharadita

◎ Limpiar, lavar y secar las sardinas. Pasarlas por la harina sazonada con sal y pimienta.

◎ Saltear las sardinas en la mitad del aceite de oliva, hasta que estén bien doradas. Retirarlas y escurrirlas. Disponerlas por capas dentro de una cazuela de barro.

◎ En una cacerola mezclar el resto del aceite con el vinagre, los ajos pelados, el laurel, el romero y el pimentón. Llevar a hervor. Retirar del fuego y verter sobre las sardinas con cuidado, controlando que el líquido las cubra por completo.

◎ Dejar como mínimo 3 días en heladera.

PALABRA DE CHEF

Nunca emplee vinagre de alcohol para un escabeche, porque es tan fuerte que distorsiona el gusto de los ingredientes principales. Recurra al vinagre de vino (blanco o tinto) o al de frutas (manzana, etc.).

Arroces
y pastas

Arroz a banda

6 PORCIONES

INGREDIENTES

Cebollas, 2

Ajo, 4 dientes

Perejil, 1 cucharada

Tomates, 4

Pescados variados
(salmón blanco, lenguado,
rape, abadejo),
700 gramos

Aceite de oliva

Sal y pimienta

Azafrán en hebras,
2 papelitos

Fumet de pescado,
2 litros (página 173)

Arroz de grano corto,
1 kilo

◎ Picar las cebollas, los ajos y el perejil. Pelar los tomates, quitarles las semillas y cortarlos en cubitos. Cortar los pescados en trozos grandes.

◎ En una cazuela o sartén honda con aceite de oliva sofreír las cebollas, los ajos, el perejil y los tomates. Condimentar con sal, pimienta y el azafrán apenas tostado en horno suave. Añadir los pescados y sofreírlos. Verter el fumet (reservando 1/4 litro) y hervir a fuego lento. A los 10 minutos retirar los pescados y reservarlos. Continuar la cocción 20 minutos más.

◎ En otra sartén, saltear el arroz hasta dorarlo un poco. Incorporar la preparación anterior. Reducir sobre llama mediana. Cocinar hasta que el arroz esté a punto, aproximadamente 15 minutos. Controlar la sazón.

◎ Calentar los pescados en el fumet reservado.

◎ Servir en platos, de un lado el arroz y del otro el pescado. Acompañar con *allioli* (página 185).

FIDEOS A BANDA

◎ Seguir el procedimiento del arroz a banda, reemplazando el arroz por fideos tipo espaguetis y reduciendo la cantidad de fumet de acuerdo con la proporción de sémola que contengan.

◎ Los fideos no llevan azafrán. Se sirven igual que el arroz, también con *allioli*.

ARROZ BRUT

INGREDIENTES

Tomates perita, 4

Ajos, 3 dientes

Perejil, unas ramitas

Hongos secos, 5 gramos

Conejo, 500 gramos

Grasa de cerdo,
150 gramos

Hígados de conejo, 2

Cebolla, 1 grande

Arroz, 600 gramos

Alcauciles, 2

Gírgolas, 100 gramos

Champiñones,
100 gramos

Morillas, 4

Sal y pimienta

Pimentón

◉ Cortar los tomates *concassé*. Picar los ajos y el perejil. Remojar los hongos secos.

◉ Trozar el conejo y rehogarlo en un tercio de la grasa de cerdo. Eliminar la grasa. Cubrir con agua el conejo y hervir 1/2 hora.

◉ Saltear los higaditos picados en otro tercio de la grasa, con ajo y perejil. Añadir la cebolla y los tomates y rehogar. Incorporar los trozos de conejo escurridos, saltear y reservar.

◉ En una paellera saltear el arroz con el resto de la grasa. Agregar los alcauciles trozados, las gírgolas, los champiñones, los hongos remojados y las morillas. Verter el caldo de la cocción del conejo. Añadir el salteado de hígados y conejo. Mojar con caldo de verduras si fuera necesario. Salpimentar.

◉ Llevar al horno unos 20 minutos.

◉ Servir en la paellera, espolvoreado con pimentón.

DE TIERRAS SOLEADAS

Un ejemplo más de la manía de los mallorquines de reunir en una preparación todo lo que tienen a mano en el momento de ponerse a cocinar. Aunque brut *significa "sucio", este arroz es un impecable regalo para el paladar.*

ARROZ CON ALMEJAS

4 PORCIONES

INGREDIENTES

Ajo, 2 dientes

Cebollas, 2

Tomates perita, 6

Aceite de oliva, 50 cc

Perejil picado,
1 cucharada

Morrón, 1

Pimientos de piquillo,
de lata, 2

Azafrán en hebras

Pimentón dulce,
1 cucharada

Arroz carnaroli,
320 gramos

Fumet de pescado,
1 litro (página 173)

Sal y pimienta

Almejas vivas, 24

Tomatitos cherry, 6

◉ Picar los ajos y las cebollas y cortar los tomates *concassé*. Rehogar estos ingredientes en el aceite de oliva. Agregar la mitad del perejil y sofreír bien.

◉ Asar el morrón, pelarlo y cortarlo en tiras. Incorporarlo al sofrito. Añadir los pimientos de piquillo enteros. Sazonar con el azafrán hidratado en un poco de fumet y el pimentón.

◉ Saltear el arroz junto con el sofrito. Mojar con el fumet de pescado y llevar a hervor.

◉ Salpimentar y llevar al horno durante 10 minutos.

◉ Agregar las almejas con sus valvas sin abrir, incrustándolas en el arroz. Esparcir los tomatitos cherry partidos por la mitad. Volver al horno 5 minutos más. La preparación no debe quedar excesivamente seca; si hiciera falta, añadir algo de fumet, pero tener en cuenta que cuando las almejas se abran verterán su jugo en el arroz, por lo que seguramente no será necesario más líquido.

◉ Servir en fuente o platos, espolvoreado con el resto del perejil picado.

PALABRA DE CHEF

¡Por fin tenemos almejas vivas en la Argentina, gracias al esfuerzo de un grupo de franceses! Vienen de un puerto del sur y son muy buenas. Para que no desmerezcan hay que cocinarlas sólo hasta que se abran y saborearlas al instante, pues si se pasan de punto resultan duras.

Arroz con costra

INGREDIENTES

Carne vacuna, 250 gramos

Carne magra de cerdo, 250 gramos

Carne de pollo, 250 gramos

Panceta fresca, 100 gramos

Cebollas, 2

Zanahoria, 1

Nabo, 1 chico

Tomates perita, 6

Perejil

Aceite de oliva

Arroz, 300 gramos

Huevos, 6

Ajo, 1 diente

Sal y pimienta

◉ Poner las carnes y la panceta en una olla con agua. Añadir una cebolla entera, la zanahoria, el nabo y sal. Hervir a fuego mínimo, con la olla tapada, durante 2 horas.

◉ Sacar las verduras, la panceta y las carnes. Reducir el caldo a 1 litro y guardarlo.

◉ En una cazuela de bordes bajos preparar un sofrito con la otra cebolla picada, los tomates rallados, algo de perejil y el aceite de oliva. Añadir el arroz, saltearlo y verter el caldo que se había guardado, removiendo siempre. Llevar al horno 15 minutos.

◉ Picar la panceta y las carnes frías. Mezclarlas con los huevos, perejil y ajo picados, sal y pimienta. Disponer arriba del arroz y volver al horno 5 minutos, hasta que esta costra se dore.

◉ Servir en la misma cazuela.

ENTRE NOS

Deje volar su imaginación y cambie los ingredientes de la costra para sorprender a los comensales.

Arroz con Salsita

INGREDIENTES

SALSITA
Panceta fresca,
250 gramos
Carne de cerdo magra,
250 gramos
Hígado, 250 gramos
Aceite de oliva, 100 cc
Cebollas, 2
Tomates perita,
250 gramos
Vino blanco, 1/2 vaso
Laurel, 1 hoja
Clavo de olor, 1/2
Caldo
Sal y pimienta
Nuez moscada

PICADA
Ajo, 2 dientes
Orégano, unas hojitas
Tomillo, unas hojitas
Pan, 1 rebanada (mojada
en agua y vinagre)
Almendras tostadas
y peladas, 40 gramos

ARROZ
Cueritos y huesos
de cerdo
Gallina, 1 trozo
Apio, 1 rama
Puerro, 1
Zanahoria, 1
Cebolla, 1 trozo
Arroz, 500 gramos

SALSITA

⊚ Cortar la panceta y la carne de cerdo en trozos pequeños. Picar las cebollas y los tomates. Asar el hígado a la parrilla y picarlo muy fino.

⊚ Colocar el aceite en una cazuela, agregar la panceta y la carne de cerdo, añadir las cebollas y dorar ligeramente. Agregar los tomates, mojar con el vino y reducir.

⊚ Machacar los ingredientes de la picada. Incluir el hígado al final, sin machacarlo. Incorporar todo a la preparación anterior. Perfumar con el laurel y el clavo, agregar un poco de caldo y hervir alrededor de 1/2 hora. Sazonar con sal, pimienta y nuez moscada.

ARROZ

⊚ Hacer un caldo con los cueritos y huesos de cerdo, la gallina y los vegetales. Espumar continuamente durante la cocción. Quitar la grasa.

⊚ Medir el volumen del arroz y cocinarlo en el doble de caldo. Debe quedar seco.

⊚ Servir el arroz con la salsita aparte.

ARROZ CON VERDURAS Y HONGOS

INGREDIENTES

Tomates perita, 6

Chauchas, 50 gramos

Zapallitos largos,
200 gramos

Berenjenas, 200 gramos

Morrones, 200 gramos

Ajíes verdes, 200 gramos

Hongos secos remojados,
20 gramos

Cebollas grandes, 2

Champiñones,
100 gramos

Gírgolas, 200 gramos

Morillas, 6

Ajo, 2 dientes

Perejil

Azafrán, 1 cápsula

Aceite de oliva, 100 cc

Arvejas, 50 gramos

Sal y pimienta

Arroz de grano largo,
500 gramos

Caldo de verdura, 1 litro

◉ Cortar los tomates *concassé*, las chauchas en trocitos y todas las demás verduras, con piel, en cubos. Trozar los hongos, excepto las morillas. Picar los ajos y el perejil. Diluir el azafrán en caldo.

◉ Disponer el aceite de oliva en una sartén que pueda ir al horno. Rehogar los ajos y las cebollas. Añadir los morrones y ajíes y cocinar 5 minutos. Agregar las berenjenas, los zapallitos largos, las chauchas y las arvejas. Salpimentar. Cocinar hasta que las verduras estén tiernas.

◉ Incorporar el arroz y el azafrán, cubrir con el caldo y llevar a hervor. Rectificar el condimento. Añadir todos los hongos (las morillas enteras) y el perejil. Se pueden agregar también tomates secos.

◉ Sin que pierda el hervor, introducir en el horno 15 minutos, cuidando que no se quede sin caldo. Retirar y servir.

ENTRE NOS

¡Qué metejón con los arroces! Me apasionan. Esta receta es puramente invento mío: no deje de probarla, yo sé por qué se lo digo. ¡Adelante y olé!

ARROZ NEGRO CON SEPIA Y GÍRGOLAS

4 PORCIONES

INGREDIENTES

Perejil, 2 cucharadas

Ajo, 2 dientes

Morrones, 2

Cebollas, 2

Tomates, 4

Aceite de oliva, 100 cc

Tinta de sepia,

2 cucharadas

Sepia limpia, 500

gramos

Gírgolas, 500 gramos

Sal y pimienta

Coñac, 100 cc

Arroz, 600 gramos

Fumet de pescado, 1 litro

aprox. (página 173)

◎ Picar el perejil, los ajos, los morrones y las cebollas. Cortar los tomates *concassé*. Hacer un sofrito rehogando todo con parte del aceite. Incorporar la tinta de sepia diluida en fumet de pescado tibio. Reducir un poco y reservar.

◎ Trozar la sepia y las gírgolas. Saltearlas en el aceite de oliva restante. Salpimentar, mojar con el coñac y reducir. Incorporar el arroz, saltear y sellar. Agregar el sofrito con la tinta, mezclar y comprobar la sazón. Cubrir con el fumet y llevar a hervor.

◎ Llevar al horno fuerte 15 minutos. Sartenear.

◎ Servir con tajadas de pan frito frotado con una mezcla de manteca, ajo y perejil.

ENTRE NOS

La tinta de sepia puede adquirirse en las buenas pescaderías, envasada en sobrecitos.

PAELLA

Sobre esta creación clásica de la cocina española se han escrito infinidad de recetas. Cada zona o provincia del Levante tiene diversas formas de prepararla. En muchos lugares, la famosa paella valenciana se elabora sin mariscos, solamente con productos de la tierra o granja; y en otros se le incorporan desde habas y hongos hasta caracoles.

No obstante, hay una forma de hacer paella que representa a todas las regiones españolas que la producen; de ahí en más cada uno puede desarrollar una variante con más o menos ingredientes, según su gusto.

Mi forma de preparar la paella tradicional consiste en mezclar productos del mar y de la tierra junto con el arroz, tan importante en este plato. En España hay un dicho: que el comensal quiere la paella sin muchos "tropezones", lo que significa un arroz hecho con pocos ingredientes.

El nombre paella viene del árabe *paila*. En España las paelleras son anchas y de bordes bajos; en la Argentina son un poco más hondas, pero no deben usarse para cocinar una gran cantidad, pues eso iría en contra de una premisa fundamental: disponer el arroz lo más extendido posible para una cocción perfecta.

2 PORCIONES

INGREDIENTES

Panceta fresca, 100 gramos

Conejo, 200 gramos

Pollo, 200 gramos

Ajo, 2 dientes

◎ Cortar la panceta en daditos. Trozar el conejo y el pollo, con piel. Picar los ajos, la cebolla, los tomates, los ajíes y la mitad del morrón. Asar la otra mitad del morrón, pelarlo y cortarlo en tiras. Dividir los pescados en trozos regulares. Si se desea, blanquear las chauchas.

◎ En una paellera con aceite saltear la panceta casi hasta dorarla. Incorporar el conejo y el pollo y saltearlos vivamente. Retirar y reservar.

Cebolla grande, 1

Tomates perita, 6

Ajíes verdes, 100 gramos

Morrón, 1

Salmón blanco,
100 gramos

Salmón rosado,
100 gramos

Abadejo, 100 gramos

Chauchas, 50 gramos

Aceite de oliva

Perejil picado

Sal y pimienta

Fumet de pescado, 1 litro
(página 173)

Azafrán en hebras,
2 papelitos

Arroz de grano corto,
500 gramos

Pimentón,
1 cucharada (optativo)

Camarones, 50 gramos

Callos de vieira,
100 gramos

Langostinos limpios,
100 gramos

Langostinos enteros,
crudos, 4

Ostiones, 2

Mejillones vivos, 4

Arvejas, 50 gramos

Limón, 1

◎ Rehogar en la paellera los ajos, la cebolla, los tomates, los ajíes, el morrón picado y el perejil. Salpimentar. Volver a incorporar las carnes, verter el fumet y llevar a hervor. Agregar el azafrán hidratado en un poco de fumet.

◎ Añadir el arroz, revolviendo con cuchara de madera para que se distribuya por todo el ancho de la paellera; en ese momento se puede intensificar la sazón con el pimentón. Esperar que hierva nuevamente. Probar el condimento. Incorporar las chauchas, los pescados y los mariscos (reservando los langostinos enteros, los ostiones y los mejillones).

◎ Se puede mantener sobre la llama, pero mi consejo es llevar esta paella al horno caliente, para asegurar una cocción pareja del arroz. Si se introduce en el horno, verificar que nunca deje de hervir. A los 10 minutos sacarla y ubicar los langostinos en cruz y los mejillones y ostiones en los bordes. Introducir nuevamente en el horno. A los 2 minutos volver a sacar, dar vuelta los langostinos y disponer por arriba las tiras de morrón y las arvejas. Llevar al horno 15 minutos más.

◎ El arroz debe quedar suelto y sin líquido. Decorar los bordes con el limón cortado en cuartos. Rociar con aceite de oliva y servir en seguida.

PAELLA MARINERA

◎ Se prepara con el mismo método que la paella clásica, sustituyendo las carnes por más cantidad y variedad de pescados y mariscos. Seguir exactamente igual los pasos de la receta anterior, duplicando la cantidad de salmones, abadejo y langostinos limpios e incluyendo 200 gramos de pulpo cocido.

CANELONES RELLENOS A LA CONDAL

INGREDIENTES

MASA

Harina, 1 kilo

Sal

Huevos, 4

Agua

Tomillo, unas ramitas

RELLENO

Seso de ternera, 1

Pechugas de pollo, 2

Pato, 1

Hígado de pollo, 1 grande

Carré de cerdo,

150 gramos

Lomo de ternera,

200 gramos

Aceite de oliva

Harina, 2 cucharadas

Leche, 500 cc

Sal y pimienta

ADEMÁS

Bechamel muy liviana,

1 litro

Cebolla, 1

Sobrasada

Manteca

MASA

◎ Formar una corona con la harina. Salar y colocar los huevos en el centro. Amasar agregando el agua necesaria. Espolvorear con el tomillo picado y estirar la masa.

◎ Cortar rectángulos. Hervirlos, escurrirlos, rociarlos con un hilo de aceite de oliva y reservarlos.

RELLENO

◎ Hervir y limpiar el seso. Cocinar al horno las pechugas y el pato. Quitar los huesos y pasar la carne por la picadora, junto con el seso, el hígado crudo y las carnes de cerdo y ternera, también crudas.

◎ Cocinar el relleno en aceite de oliva. Añadir la harina e incorporar la leche de a poco, hasta formar una pasta homogénea. Salpimentar y dejar enfriar.

◎ Distribuir generosamente sobre los rectángulos de masa. Enrollar para formar los canelones.

PREPARACIÓN FINAL

◎ Acomodar los canelones en una fuente térmica enmantecada. Salsear con la bechamel liviana.

◎ Picar la cebolla, rehogarla en aceite y escurrirla. Esparcirla sobre los canelones. Calentar en horno moderado.

◎ Disponer arriba rodajas de sobrasada y trocitos de manteca y terminar gratinando.

CANUTILLOS RELLENOS

INGREDIENTES

MASA

Aceite de oliva, 100 cc

Vino blanco, 100 cc

Harina, 250 gramos

Sal

Aceite común para freír

RELLENO

Tomates perita, 1 kilo

Morrones, 500 gramos

Almendras tostadas,
100 gramos

Huevos duros, 2

Atún en aceite,
200 gramos

Sal y pimienta

MASA

◎ Mezclar el aceite con el vino blanco. Salar la harina y añadirla de a poco hasta que se forme una masa moldeable.

◎ Estirarla, cortarla y forrar con ella moldes para canutillos.

◎ Freír en aceite muy caliente. Dejar enfriar y desmoldar (salen solos).

RELLENO

◎ Cortar los tomates en *concassé* muy chico y cocinarlos en aceite de oliva hasta que pierdan todo el líquido.

◎ Asar los morrones y cortarlos en cuadraditos pequeños. Picar groseramente las almendras y los huevos duros. Escurrir el atún del aceite y desmenuzarlo.

◎ Mezclar todos los ingredientes, salpimentar y rellenar los canutillos. Servir 4 por porción. Saborearlos fríos o calentarlos en el horno.

◎ Acompañarlos con espinaca con pasas de uva: Blanquear espinaca y escurrirla. Saltearla en aceite de oliva con ajo picado y añadir pasas de uva remojadas en jerez.

PALABRA DE CHEF

El secreto de esta masa con vino y aceite consiste en dejarla descansar antes de estirarla. Hágame caso y obtendrá un resultado fantástico.

Sopas

FUMET DE PESCADO

3 LITROS

INGREDIENTES

Cebolla, 1

Apio, 1 rama

Espinazo y cabezas
de pescado, 1 kilo

Pimienta, unos granos

Atadillo de puerro,
laurel y perejil

Sal

◉ Colocar todos los ingredientes en una olla. Salar y cubrir con agua fría.

◉ Llevar a hervor. Espumar y desde entonces contar 20 minutos de cocción a fuego suave. Colar.

◉ Este caldo resulta totalmente transparente.

VARIANTE CON MANTECA

◉ Picar la cebolla y el apio y rehogarlos en 50 gramos de manteca.

◉ Incorporar los demás ingredientes y cubrir con agua fría.

◉ Cocinar igual que el anterior. Colar.

◉ Este caldo no queda tan claro como el otro.

PALABRA DE CHEF

¡Ojo! No todos los pescados sirven para hacer caldo. Aconsejo emplear espinazos y cabezas de lenguado, pejerrey, besugo o chernia, siempre controlando que no tengan restos de sangre en su interior, pues ésta da sabor agrio. También pueden usarse pieles de pescados, sin escamas, y cáscaras de langostinos. Mi favorito es el caldo de trillas, que tiene un sabor y un aroma incomparables.

CALDO DE CAZA

1 LITRO

INGREDIENTES

Aceite de oliva, 150 cc
Recortes de caza de pelo
o carcazas y menudos de
caza de pluma, 1 kilo
Cebollas, 100 gramos
Zanahorias, 200 gramos
Vino tinto, 1 litro
Caldo de carne,
500 a 750 cc (receta
a continuación)
Sal
Hierbas aromáticas

◎ Calentar el aceite en una olla. Freír las partes indicadas de la caza durante 10 minutos. Añadir las verduras cortadas en *mirepoix*, el vino, el caldo, sal y una bolsita con las hierbas.

◎ Cocinar a fuego suave 3 horas, espumando muy seguido. Si hiciera falta, añadir más caldo.

◎ Colar y pasar por colador chino.

CALDO DE CARNE

1 LITRO

INGREDIENTES

Huesos de ternera, lo más
chicos posible, 1 kilo
Zanahorias, 200 gramos
Cebollas, 100 gramos
Puerro, 1
Apio, 1 rama
Manteca, 50 gramos
Ajo, 1 diente
Sal
Hierbas aromáticas
(estragón, tomillo, laurel,
romero, perejil)
Clara, 1

◎ Disponer los huesos en una asadera. Introducir en horno caliente, hasta que se doren bien. Colocar la asadera sobre una hornalla y dejar evaporar el jugo que haya quedado. Añadir 1 vaso de agua y dejar evaporar. Repetir la operación 3 veces.

◎ Cortar en rodajas las zanahorias, las cebollas, el puerro (la parte blanca y la verde) y el apio (hojas y tallo).

◎ Derretir la manteca en una olla. Cuando baje la espuma, incorporar las verduras y el ajo sin pelar. Rehogar 1 minuto a fuego fuerte. Incorporar el contenido de la asadera, sal y una bolsita con las hierbas. Cubrir con 3 y ½ litros de agua y agregar la clara.

◎ Llevar a fuego fuerte, espumando de tanto en tanto. Cuando hierva, bajar el fuego y cocinar 3 horas, con la olla destapada.

◎ Colar y pasar por colador chino.

CALDO DE AVE

INGREDIENTES

Zanahorias, 100 gramos
Cebolla, 50 gramos
Nabo, 1
Apio, 1 rama
Puerro, 1
Manteca, 50 gramos
Clavo de olor, 1
Pimienta blanca,
10 granos
Carcazas, patas y
cogotes de ave, 1 kilo
Clara, 1
Sal

◎ Cortar en *mirepoix* las zanahorias, la cebolla, el nabo y el apio. Cortar en rodajitas la parte blanca del puerro.

◎ Derretir la manteca en una olla. Cuando baje la espuma, añadir las verduras, el clavo de olor y la pimienta. Rehogar 2 minutos.

◎ Agregar las partes indicadas del ave y la clara. Salar y cubrir con 2 litros de agua.

◎ Llevar a hervor. Espumar y bajar el fuego. Cocinar 45 minutos, espumando con frecuencia. Colar.

ESCUDELLA FRESCA

4 PORCIONES

INGREDIENTES

Carne de cerdo magra,
100 gramos
Papas, 100 gramos
Cebollas, 100 gramos
Repollo blanco, 1/4
Zapallitos largos,
200 gramos
Chauchas finas,
100 gramos
Sal
Aceite de oliva,
1 cucharada
Sobrasada, 100 gramos
Habas rojas secas
(cocidas), 200 gramos
Atadillo aromático, 1

◎ Cortar en dados la carne y las papas. Trozar las demás hortalizas.

◎ Salar la carne y sofreírla en una olla con el aceite de oliva. Incorporar la cebolla y sofreír. Añadir el repollo, las papas y la sobrasada. Agregar agua y cocer, incluyendo los zapallitos, las chauchas, las habas y el atadillo aromático.

◎ Cocinar hasta que todos los ingredientes estén tiernos.

FAVA PARADA

Cebollas, 150 gramos

Aceite

Oreja y quijada de cerdo,
450 gramos

Papas, 250 gramos

Repollo blanco, 1/4

Habas secas (cocidas),
250 gramos

Sal y pimienta

◎ Picar las cebollas y sofreírlas en una olla con aceite. Añadir el cerdo, las papas y el repollo, todo trozado. Verter bastante agua y hervir 30 minutos.
◎ Agregar las habas y remover hasta que se deshagan. Sazonar y servir.

GAZPACHUELO

Cebolla, 1/2

Laurel, 1 hoja

Sal

Pescado de carne blanca,
500 gramos

Almejas, 250 gramos

Papas, 750 gramos

Vino blanco, 60 cc

Mayonesa casera, 250 cc

◎ Poner en una olla 1 y 1/2 litro de agua, la cebolla en rodajas, el laurel, una pizca de sal y el pescado en trozos. Llevar a ebullición, cocinar 3 minutos y colar. Guardar el pescado y el caldo. Descartar la cebolla y el laurel.
◎ Abrir las almejas al vapor. Reservarlas y agregar al caldo el líquido que hayan soltado.
◎ Cortar las papas en cubos y cocinarlas en el caldo hasta que estén tiernas. Colar recuperando el caldo e incorporarle el vino. Reservar las papas.
◎ Disponer la mayonesa en una sopera y añadirle de a poco el caldo, removiendo. Añadir el pescado, las almejas y las papas.
◎ Servir caliente. Acompañar con pan de campo tostado.

MARMITAKO

4 PORCIONES

INGREDIENTES

Ají verde grande, 1

Morrón grande, 1

Tomates, 4

Cebolla, 1

Aceite de oliva

Ajo, 1 diente

Papas, 500 gramos

Bonito, 500 gramos

Fumet de pescado

(página 173)

Guindilla, 1

Pan, 4 rebanadas

Sal y pimienta

⊚ Asar el ají y el morrón, pelarlos y trozarlos. Trozar también los tomates.

⊚ Picar la cebolla y rehogarla en un poco de aceite de oliva. Agregar el ajo picado, el ají, el morrón y los tomates. Cocinar unos 10 minutos.

⊚ Tornear las papas como nueces. Hervirlas en una olla con agua salada.

⊚ Cortar el bonito en dados y quitarle las espinas. Incorporarlo a la olla de las papas. Cubrir con fumet de pescado (o más agua). Disponer el rehogado por arriba. Añadir la guindilla en trocitos y las rebanadas de pan. Hervir 6 ó 7 minutos.

⊚ Rectificar la sal, pimentar y servir en sopera.

ENTRE NOS

Mi amigo Mikel Bermejo lo prepara mejor que yo, pero de todos modos quise incorporar a mi libro esta especialidad marinera, simple y contundente.

Pan - cuit

INGREDIENTES

Ajo, ½ cabeza
Aceite de oliva, 50 cc
Tomates perita, 4
Laurel, 1 hoja
Hierbabuena, 1 ramita
Sal y pimienta
Caldo, 1 litro
Pan de campo (del día anterior), 200 gramos
Huevos, 3
Canela, 1 pizca

◉ Picar los ajos y rehogarlos en una cazuela de barro con el aceite. Añadir los tomates pelados y trozados, el laurel y la hierbabuena. Salpimentar y cocinar 4 minutos, aproximadamente.

◉ Agregar el caldo hirviendo y el pan trozado. Cocinar unos minutos más.

◉ Incorporar los huevos batidos, apagar el fuego y remover con cuchara de madera hasta que cuajen con el calor. Aromatizar con canela y rectificar la sazón.

◉ Dejar reposar unos minutos y servir.

Sopa de pan a lo pobre

INGREDIENTES

Pan de campo, 500 gramos
Aceite de oliva, 1 cucharada
Grasa de cerdo, 2 cucharadas
Cebolla, 1
Ajo, 2 dientes
Almendras, 4
Sal
Azafrán, 1 cápsula
Caldo de verduras, 1 litro
Huevos duros, 4

◉ Cortar el pan en rodajas finas y tostarlo.

◉ En una sartén, calentar el aceite y la grasa de cerdo. Freír la cebolla y un ajo, todo picado.

◉ Hacer una picada con las almendras tostadas y el otro ajo. Salar e incorporar el azafrán y un poco de caldo.

◉ En una cazuela honda colocar la cebolla frita y el pan. Verter el caldo bien caliente, dejar que espese y añadir la picada. Por último agregar los huevos duros cortados por la mitad.

SOPAS ESCALDADAS

INGREDIENTES

Pescados de carne firme (abadejo, salmón blanco, salmón rosado, pez limón, etc.), 500 gramos

Aceite de oliva, 2 cucharadas

Ajo, 1 diente

Cebollas de verdeo, 2

Camarones, 50 gramos

Langostinos pelados, 100 gramos

Callos de vieiras, 50 gramos

Fumet de pescado, 600 cc (página 173)

Sal y pimienta

Azafrán, 1 pizca

Acelga, 2 hojas grandes

Pan de campo (del día anterior), 400 gramos

◎ Cortar los pescados en cubos chicos.

◎ Calentar el aceite de oliva en una cacerola alta. Incorporar el ajo picado y las cebollas de verdeo en rodajas. Añadir todos los pescados y mariscos y saltear rápidamente. Verter el fumet caliente. Condimentar con sal, pimienta y el azafrán disuelto en un poquito de fumet frío. Llevar a hervor. Al cabo de un minuto incorporar la acelga cortada en juliana muy fina.

◎ Cortar el pan en rebanadas delgadas y tostarlas o no, a gusto. Disponerlas en soperas individuales. Escaldarlas con la sopa de pescados, mariscos y verduras. Debe quedar una buena cantidad de caldo en cada sopera. Servir.

DE TIERRAS SOLEADAS

El ingenio popular aprovecha el pan hasta la última miga, e incluso cuando parece que ya no sirve lo convierte en un manjar.

Sopas mallorquinas

4 PORCIONES

INGREDIENTES

Repollo, 300 gramos

Alcauciles, 6

Acelga, 4 hojas grandes

Hongos frescos,
300 gramos

Coliflor, 300 gramos

Aceite de oliva, 200 cc

Cebollas de verdeo, 6

Ajo, 4 dientes

Perejil

Tomates perita, 8

Ají verde, 1

Caldo de verduras
bien fuerte

Arvejas, 100 gramos

Sal y pimienta

Pan de campo

◎ Cortar en juliana el repollo, los alcauciles y la acelga. Trozar los hongos y separar la coliflor en ramitos.

◎ En una olla, con la mitad del aceite, rehogar las cebollas de verdeo, los ajos, el perejil, los tomates y el ají, todo picado. Añadir el repollo y los alcauciles. Cubrir apenas con caldo. Agregar la coliflor, los hongos, la acelga y las arvejas. Salpimentar.

◎ Colocar dentro de una cazuela capas de pan y de verduras, rociando cada capa con un chorrito de aceite de oliva. Verter un poco de caldo (sólo lo necesario para cubrir). Estofar unos minutos. Echar otro chorrito de aceite y llevar al horno para calentar todo junto.

◎ Presentar en la cazuela y acompañar con rabanitos pelados, aceitunas verdes y tiras de ajíes verdes.

PALABRA DE CHEF

Con sobras de pan se puede alimentar a la familia sin gastar casi nada... y variar el menú para no caer en la rutina.

SUQUET DE PESCADOS

4 PORCIONES

INGREDIENTES

Pescados variados
(salmón blanco o rosado,
abadejo, etc.), 400 gramos
Acelga, 4 hojas
Cebollas de verdeo, 2
Ajo, 2 dientes
Perejil, 1 cucharada
Aceite de oliva,
2 cucharadas
Azafrán, 1 cápsula
Fumet de pescado
(página 173)
Sal y pimienta
Pan del día anterior,
400 gramos

◉ Cortar los pescados en trozos de 2 por 2 cm, la acelga en juliana fina y las cebollas de verdeo en rodajitas (la parte blanca y un poco de parte verde). Picar los ajos y el perejil.

◉ Calentar el aceite de oliva en una cacerola y freír los ajos, sin quemarlos. Añadir las cebollas de verdeo y rehogar apenas. Incorporar los pescados y saltear vivamente. Agregar el azafrán diluido en un poco de fumet de pescado. Cubrir con fumet y salpimentar.

◉ Cuando rompa el hervor, incorporar la acelga. Completar la cocción y rectificar el condimento.

◉ Cortar el pan en rodajas finas. Tostarlo ligeramente en el horno. Distribuir en cazuelitas o platos hondos.

◉ Repartir la sopa sobre el pan y servir inmediatamente.

ENTRE NOS

Se pueden incorporar langostinos, vieiras u otros mariscos junto con los pescados.

Salsas

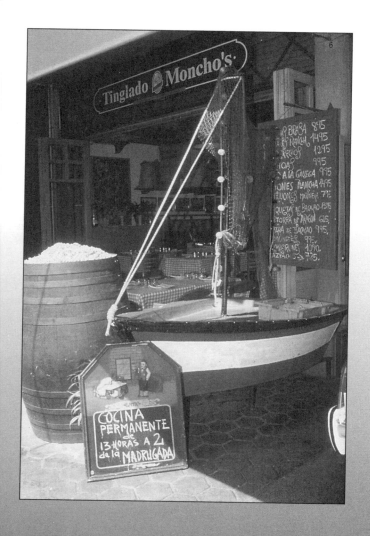

ALLIOLI

INGREDIENTES

Ajo, 2 dientes

Sal

Aceite, 200 cc

- Pelar los dientes de ajo. Machacarlos con sal en un mortero, hasta lograr una pasta muy fina.
- Añadir el aceite gota a gota, removiendo constantemente, siempre en el mismo sentido, hasta obtener una salsa bien espesa y compacta.

ALLIOLI CON YEMA

INGREDIENTES

Ajo, 2 dientes

Sal

Yema, 1

Aceite, 200 cc

- Hacer la pasta de ajos como en la receta anterior. Unir con la yema.
- Incorporar el aceite siguiendo el procedimiento indicado.
- El agregado de la yema ayuda a formar una base más consistente y con menos probabilidades de que se corte. Si la salsa resulta demasiado espesa, aligerarla con gotas de agua fría o caliente.

ALLIOLI CON MIEL

INGREDIENTES

Ajo, 2 dientes

Sal

Yema, 1

Miel, 1 cucharadita

Aceite, 200 cc

- Seguir las indicaciones dadas para el *allioli* con yema, agregando la miel antes del aceite.
- Si se prefiere un gusto más o menos dulce, aumentar o disminuir levemente la cantidad de miel.
- Este *allioli* se utiliza para acompañar platos de carne asada, conejo y aves.

ALLIOLI CON TOMATE

INGREDIENTES

Tomates maduros, 2

Ajo, 2 dientes

Sal

Aceite, 2 tazas

⊚ Pelar los tomates y quitarles las semillas.

⊚ Majarlos en el mortero, junto con los ajos pelados y un poco de sal.

⊚ Añadir poco a poco el aceite, removiendo siempre.

⊚ Por lo general, esta salsa no queda compacta.

ALLIOLI CON MEMBRILLO

INGREDIENTES

Membrillo, 1

Ajo, 2 dientes

Sal

Aceite, 300 cc aprox.

⊚ Asar el membrillo al horno o directamente sobre la llama. Cuando esté blanco, quitarle las semillas y la piel. Picar finamente la pulpa y reservarla.

⊚ Majar los dientes de ajo en el mortero, con un poco de sal. Añadir el membrillo.

⊚ Incorporar el aceite poco a poco, hasta que se forme una masa compacta de color verde amarillento.

ALLIOLI CON PERA

INGREDIENTES

Pera grande firme, 1

Ajo, 2 dientes

Sal

Aceite, 300 cc aprox.

⊚ Cocinar la pera en agua hasta que esté blanda. Quitarle la piel y las semillas.

⊚ Elaborar el *allioli* igual que el de membrillo.

SALSA AMERICANA *(mi versión)*

INGREDIENTES

Manteca, 50 gramos

Puerro, 1

Zanahoria, 1

Apio, 1 rama

Caparazones y cabezas

de langostinos crudos,

500 gramos

Coñac, 1 copa

Beurre manie, 100 gramos

Sal y pimienta blanca

de molinillo

Fumet de pescado,

1 y ½ litro (página 173)

Laurel, 2 hojas

Crema de leche, 200 cc

○ Calentar la manteca en una olla. Cuando baje la espuma, añadir el puerro y la zanahoria en rodajas y el apio picado. Rehogar 3 minutos. Añadir los caparazones y cabezas de langostinos. Freír a fuego fuerte, flamear con el coñac y dejar que se consuma el alcohol. Añadir la *beurre manie* bien desmenuzada, la sal, la pimienta, el fumet y el laurel. Hervir a fuego fuerte 15 minutos, espumando.

○ Pasar por colador chino y volcar en otra olla. Añadir la crema de leche y reducir durante 6 minutos.

PALABRA DE CHEF

Ésta es una de las más sublimes salsas para mariscos de la gastronomía universal. La he incluido en el libro a pesar de no ser española, ya que por su refinado sabor y su halagadora textura merece estar presente.

SALSA DE AZAFRÁN PARA PESCADOS Y MARISCOS

INGREDIENTES

Échalotes, 4

Manteca, 50 gramos

Azafrán, 2 cápsulas

Fumet de pescado, 750 cc

(página 173)

Vino blanco, 100 cc

Fécula de maíz,

20-30 gramos

Sal y pimienta

◎ Picar las échalotes y rehogarlas en una sartén con la manteca.

◎ Incorporar el azafrán disuelto en fumet frío. Verter el vino y reducir.

◎ Añadir la fécula, también disuelta en fumet frío. Agregar el fumet restante, caliente.

◎ Revolver, salpimentar y reducir hasta que espese.

SALSA DE MORRONES PARA PESCADOS A LA PARRILLA

INGREDIENTES

Morrones grandes, 8

Ajo, 2 dientes

Aceite de oliva

Caldo de verduras

Sal y pimienta

◎ Asar los morrones cuidando que no se chamus- quen, para que la salsa no quede oscura. Pelarlos y picarlos.

◎ Picar los ajos y saltearlos en aceite de oliva. Añadir los morrones y cocinar suavemente. Incorporar algo de caldo de verduras para aligerar la consistencia.

◎ Salpimentar y licuar.

Salsa de tomates

INGREDIENTES

Ajo, 3 dientes

Cebollas, 2

Aceite de oliva, 50 cc

Laurel, 2 hojas

Vino blanco, 100 cc

Tomates perita, 3 kilos

Sal y pimienta

◎ Picar los ajos y las cebollas. Rehogarlos en una cacerola con el aceite de oliva y el laurel.

◎ Verter el vino y dejar evaporar el alcohol.

◎ Incorporar los tomates *concassé*. Salpimentar y cocinar a fuego suave 20 minutos.

PALABRA DE CHEF

Si los tomates no se deshacen, se puede licuar la salsa, pero a mí me gusta que no quede uniforme. Es importante que los ajos y las cebollas estén bien rehogados antes de continuar con la elaboración.

Salsa holandesa

INGREDIENTES

Pimienta verde, unos granos

Échalotes, 2

Estragón, unas hojitas

Vinagre de vino blanco, 100 cc

Yemas, 3

Manteca, 100 gramos

Sal

◎ Poner en una cacerolita la pimienta verde, las échalotes picadas, el estragón y el vinagre. Reducir, colar y volver a la cacerolita.

◎ Agregar las yemas de a una, batiendo constantemente a baño de María. Integrar de a poco la manteca en trocitos, sin dejar de batir. Salar.

Bebidas

CARAJILLO *(café perfumado)*

INGREDIENTES

Café fuerte, 1 tacita

Azúcar

Coñac español o anís

seco, 1 cucharada

◉ Poner el café en un vaso doble. Endulzarlo a gusto. Agregar el coñac o el anís y servir.

SORBETE DE CAVA

INGREDIENTES

Cava, 1 botella

Azúcar, 100 gramos

Merengue italiano,

100 gramos

◉ Poner el cava en un recipiente. Agregar el azúcar y remover hasta que se disuelva.
◉ Llevar al freezer.
◉ Cuando esté parcialmente congelado, agregar el merengue. Unir suavemente y volver al freezer hasta el momento de servir.

ENTRE NOS

Los franceses nos prohibieron el uso de la denominación champagne para nuestro vino espumante, que a mucha honra llamamos cava. Pero no pueden impedir que con él hagamos sorbetes (que también son de origen francés). La vida da tantas vueltas...

FRUTAS FRESCAS EN VINO FRUTADO

INGREDIENTES

Arándanos, 100 gramos

Grapa, 2 cucharadas

Duraznos, 150 gramos

Frutillas, 150 gramos

Azúcar

Vino tinto tipo

Beaujolais, 1 copa

Menta, unas hojitas

◉ Repartir en copas de vidrio grandes los arándanos mezclados con la grapa, los duraznos cortados en gajos y las frutillas limpias, espolvoreando cada fruta con una pizca de azúcar.

◉ Cubrir con el vino y llevar a la heladera, sin remover.

◉ Completar con la menta antes de servir.

BARREJA *(cóctel catalán)*

INGREDIENTES

Vino moscato bien frío, 1 copa

Anís seco bien frío, 1/2 copa

◉ Poner el moscato en una jarra. Verter el anís. Remover una sola vez y servir.

◉ No se añade hielo, por eso las bebidas deben estar muy frías.

CREMAT

◎ Poner todos los ingredientes en una cazuela de barro y llevar a fuego suave. Calentar lentamente sin dejar de revolver, hasta que la temperatura encienda el alcohol. Dejar que se queme; el *cremat* estará listo cuando se apague el fuego.

◎ Para enriquecer el aroma se pueden agregar a la cazuela unos granos de café.

VINO CALIENTE

◎ Colocar todos los ingredientes juntos en una cazuela sobre el fuego.

◎ Calentar y servir directamente desde la cazuela.

Postres

Brazo de Gitano con Nata y Confitura

8 PORCIONES

INGREDIENTES

Huevos grandes, 3

Harina, 75 gramos

Sal, 1 pizca

Confitura

Crema chantilly

Azúcar impalpable,
75 gramos

◉ Batir los huevos a baño de María. Retirar del baño y seguir batiendo hasta enfriar. Incorporar la harina tamizada con la sal.

◉ Volcar el batido sobre una placa y hornear 12 minutos.

◉ Retirar y desmoldar el pionono obtenido sobre un papel espolvoreado con azúcar.

◉ Untar generosamente con confitura y crema chantilly. Enrollar y llevar a la heladera hasta que el relleno esté firme.

◉ Espolvorear con azúcar impalpable antes de presentar.

Budín de Papas

6 PORCIONES

INGREDIENTES

Papas, 1 kilo

Yemas, 6

Azúcar, 400 gramos

Ralladura de 2 limones

Claras, 6

Almendras, 300 gramos

Azúcar impalpable

◉ Hervir las papas con cáscara. Enfriarlas, pelarlas y hacer un puré.

◉ Mezclar las yemas con el azúcar y la ralladura de limón. Añadir el puré y unir poco a poco con las claras batidas a nieve.

◉ Disponer la preparación en un molde enmantecado y hornear a 150° unos 20 minutos.

◉ Retirar y dejar enfriar.

◉ Esparcir arriba las almendras tostadas y picadas y espolvorear con azúcar impalpable.

◉ Queda muy rico con salsa de frutillas (página 213).

Budín de almendras con yema quemada

Ingredientes

Budín
Claras, 8
Harina, 175 gramos
Azúcar, 175 gramos
Almendras fileteadas
y tostadas, 100 gramos
Coñac, 1 copa
Canela, 1 pizca

Yema
Azúcar, 200 gramos
Agua, 200 cc
Yemas, 200 gramos

Budín

◉ Batir las claras a nieve. Incorporar gradualmente todos los demás ingredientes, mezclando siempre muy despacio con movimientos envolventes.

◉ Volcar en un molde cuadrado y alisar suavemente la superficie. Hornear hasta que esté firme.

Yema

◉ Hacer un almíbar con el azúcar y el agua. Incorporar las yemas batidas. Llevar al fuego y revolver para que espese sin cuajar.

◉ Extender en una fuente y dejar enfriar, pasando cada tanto una espátula por arriba para que no se reseque la superficie.

Preparación final

◉ Cortar el budín en trozos. Untar con yema, quemar con planchita de hierro caliente y servir.

◉ Se puede acompañar con una bocha de helado de limón.

De tierras soleadas

Las frutas secas son imprescindibles en la cocina española. En este caso las almendras aparecen en un budín que encuentra su complemento ideal en otra receta típica, la deliciosa yema quemada.

CREMA CATALANA

◉ Unir las yemas con el azúcar, mezclando sin batir hasta que blanqueen.

◉ En una cacerola hervir la leche junto con la crema, la canela y la cáscara de limón. Incorporar a las yemas con cuidado.

◉ Volver a la cacerola. Llevar a fuego suave y revolver constantemente con cuchara de madera.

◉ Agregar la fécula disuelta en un poco de leche fría. Seguir removiendo sin cesar hasta que empiece a actuar el poder de ligazón de la fécula.

◉ Cuando la crema espese y quede adherida a la cuchara, pasarla por colador chino y volcarla en una fuente amplia y no muy honda, para que se enfríe. Pasar repetidas veces una espátula por la superficie para evitar que se forme una costra.

◉ Una vez fría, distribuir en platos hondos o cazuelitas de barro. Espolvorear con azúcar, quemar con una planchita de hierro caliente y servir.

DE TIERRAS SOLEADAS

Es evidente que esta crema es la parienta catalana de la crème brulée *francesa y de las natillas gallegas. No sabemos con precisión cuál de ellas nació antes, pero los catalanes reivindicamos la nuestra como la primera y, fundamentalmente, "la mejor".*

CARQUINYOLIS

INGREDIENTES
Yemas, 3
Azúcar, 100 gramos
Harina, 150 gramos
Claras, 3
Naranja confitada,
50 gramos
Almendras peladas,
100 gramos

◎ Mezclar las yemas con el azúcar, añadir la harina y batir hasta que quede una pasta bien fina.

◎ Batir las claras a nieve. Cortar en trocitos la naranja confitada. Pelar y triturar las almendras. Incorporar todo a la pasta anterior, de a poco y uniendo suavemente.

◎ Extender la masa sobre una placa cubierta con papel manteca aceitado. Llevar al horno. Cuando la superficie esté dorada, retirar y cortar masitas. Seguir horneando hasta que queden bien secas.

COCA DE BROSSAT

8 PORCIONES

INGREDIENTES
Ricota, 600 gramos
Azúcar, 300 gramos
Huevos, 5
Ralladura de 1 limón
Canela
Masa *brisée*, 1 disco

◎ Combinar la ricota con el azúcar y los huevos. Perfumar con la ralladura de limón y la canela. Amasar procurando que la ricota no se agrume, para obtener una pasta homogénea.

◎ Colocarla en un molde forrado con la masa *brisée*. Cocinar en horno suave.

◎ Dejar enfriar y desmoldar.

COCA DE SAN JUAN

INGREDIENTES

PREMASA

Levadura, 15 gramos

Agua, 6 cucharadas

Harina, 100 gramos

MASA

Harina, 400 gramos

Azúcar, 135 gramos

Manteca, 100 gramos

Ralladura de 1 limón

Huevos, 2

RELLENO

Huevo, para pintar

Mermelada, 100 gramos

Piñones, 200 gramos

Almendras, 100 gramos

Cerezas, 100 gramos

PREMASA

Disolver la levadura en el agua tibia, agregar la harina y dejar leudar.

MASA

Mezclar todos los ingredientes, incluyendo la premasa. Amasar hasta que quede homogénea y suave.

Dejarla descansar alrededor de 1 hora, hasta que duplique su volumen.

RELLENO Y COCCIÓN

Colocar la masa en el centro de una placa aceitada. Estirarla con los dedos hasta llegar a los bordes. Pintarla con huevo y untarla con la mermelada. Dejarla leudar 15 minutos más.

Esparcir las frutas por arriba y espolvorear con azúcar. Llevar a horno precalentado a 230° y cocinar de 20 a 25 minutos, hasta que se dore la superficie.

ENTRE NOS

La Noche de San Juan es la fiesta de la masa dulce con piñones y almendras. En todas las esquinas se encienden hogueras, se celebra, se canta, se baila y se quema al demonio, representado con muñecos o pinturas. ¡Y ahí se van todas las "malas" del año!

Ensaimadas

6-7 UNIDADES

INGREDIENTES

Harina, 500 gramos

Agua tibia, 100 cc

Sal

Levadura, 20 gramos

Azúcar, 80 gramos

Huevos, 2

Grasa de cerdo,

50 gramos

Azúcar impalpable

Aceite de oliva,

2 cucharadas

⊙ Formar una corona con la harina. Colocar en el centro el agua tibia, la sal, la levadura y la mitad del azúcar. Unir los ingredientes centrales y agregar los huevos.

⊙ Trabajar con las manos, integrando la harina de a poco y aumentando levemente la cantidad si es necesario para obtener una masa compacta.

⊙ Añadir el resto del azúcar. Cubrir la masa y dejarla reposar 4 horas para que levante.

⊙ Tomar porciones de unos 100 gramos y aplastarlas con palote hasta dejarlas muy finas. Untarlas con la grasa de cerdo derretida y enrollarlas formando cilindros de 20 a 25 cm de largo. Cerrarlos y enroscarlos sobre sí mismos para formar espirales.

⊙ Colocar las ensaimadas sobre placas aceitadas, dejando suficiente espacio entre una y otra. Ubicarlas dentro del horno apagado y dejarlas leudar de 6 a 7 horas, hasta que dupliquen su volumen.

⊙ Pulverizar con agua y espolvorear con azúcar impalpable. Cocinar en horno fuerte durante 15 minutos.

⊙ Una vez frías, espolvorear otra vez con azúcar impalpable.

DE TIERRAS SOLEADAS

Las ensaimadas se consumen como bollos, para acompañar el café con leche o el chocolate. Hay toda una industria dedicada a su elaboración y se venden en un sinfín de variedades, con rellenos salados y dulces.

FLAN DE NARANJAS *(vasco)*

◎ Mezclar los huevos con el jugo de naranjas y el azúcar.

◎ Pasar 100 (sí, cien) veces de un recipiente a otro, dejando caer el líquido en forma de cascada.

◎ Acaramelar un molde y volcar dentro la preparación. Introducir el flan en el horno a 160° y cocinar 20 minutos a baño de María.

◎ Retirar y dejar enfriar en el agua del baño antes de desmoldar.

FLAN CON PASAS

◎ Mezclar la leche con la harina, el azúcar y los huevos batidos, hasta que la pasta tome cuerpo.

◎ Añadir las pasas, previamente maceradas en ron y escurridas.

◎ Colocar en un molde y cocinar en horno suave (a baño María o no) hasta que el flan tome la consistencia adecuada.

ENTRE NOS

Las pasas son herencia de la dominación árabe. Para evitar que se depositen en el fondo de la flanera, procure que la preparación adquiera un punto sostenido antes de incorporarlas.

FLAÓ

INGREDIENTES

Harina, 200 gramos

Manteca, 20-25 gramos

Aceite de oliva,
2-3 cucharadas

Huevos, 5

Azúcar, 200 gramos

Levadura en polvo,
1 cucharadita

Leche, 125 cc

Ricota, 500 gramos

Menta, 8 hojas

Anís dulce, 2 cucharadas

◎ Tamizar bien la harina. Mezclarla con la manteca y el aceite de oliva. Agregar un huevo, una cucharada de azúcar, la levadura y la leche. Formar un bollo de masa.

◎ Aplanar la masa entre dos hojas de papel plástico y acomodarla en un molde para tarta de 22 cm de diámetro, cubriendo la base y la altura. Hornearla hasta que empiece a ponerse blanca.

◎ Mezclar la ricota con el azúcar restante. Añadir los otros huevos batidos y 2 hojas de menta picadas (dejar las otras enteras). Aromatizar con el anís. Unir bien.

◎ Rellenar la masa con la preparación de ricota y llevar al horno unos 20 minutos más.

◎ Distribuir arriba las hojas de menta en forma pareja, de modo que cada una marque una porción. Seguir horneando aproximadamente 5 minutos más. La superficie debe colorearse ligeramente.

◎ Retirar y dejar enfriar. Servir a temperatura ambiente.

DE TIERRAS SOLEADAS

Este postre ligero y muy refrescante es típico de Ibiza, una de las islas Baleares. En el Llibre del Coch *del autor Rupert de Nola, publicado en Barcelona hacia el año 1520, se encuentra una receta muy similar denominada* Els flaons. *Antes aun, en el manuscrito del año 1324* Llibre de Sent Soví, Receptari de Cuina, *también hay referencia a un postre parecido; este libro, se cree, fue escrito por un cocinero catalán a cargo de las cocinas del rey de Inglaterra. (Después que me vengan a contar a mí sobre los cocineros franceses e italianos... ¡si los catalanes siempre estuvimos primero!)*

Turrón de Agramunt

24 PORCIONES

INGREDIENTES

Miel sólida, 500 gramos

Claras, 2

Almendras, 250 gramos

Avellanas tostadas,
100 gramos

◎ Disponer la miel en una cacerola y calentar, revolviendo con espátula de madera. Cuando rompa el hervor retirar y batir hasta obtener punto de almíbar.

◎ Batir las claras a punto nieve fuerte. Agregarlas a la miel, revolviendo.

◎ Volver al fuego hasta alcanzar punto caramelo. Añadir las almendras crudas y las avellanas tostadas.

◎ Aceitar la mesada de mármol o una placa y volcar el preparado.

◎ Una vez frío, cortarlo en trozos y ponerlos en obleas.

Helado de Turrón

10-12 PORCIONES

INGREDIENTES

Turrón de Jijona,
500 gramos

Yemas, 5

Azúcar, 75 gramos

Leche, 500 cc

Claras, 3

◎ Desmenuzar el turrón. Disponerlo en una cacerola junto con las yemas y el azúcar.

◎ Mezclar bien a fuego muy suave. Incorporar de a poco la leche caliente, batiendo siempre. Cocinar sin que hierva. Retirar y dejar enfriar.

◎ Unir con las claras batidas a nieve. Colocar en la heladora hasta que tome punto.

HELADO DE CREMA CATALANA

INGREDIENTES

Crema de leche, 1 litro

Leche, 1 litro

Cáscara de 1/2 limón

Canela, 1 rama

Azúcar, 150 gramos

Yemas, 3

Azúcar y agua
para caramelo

◉ En una cacerola calentar la crema y la leche con la cáscara de limón, la canela y 100 gramos de azúcar. Llevar a fuego mediano hasta que hierva. Retirar el limón y la canela y dejar enfriar.

◉ Batir las yemas con el azúcar restante hasta que espesen. Incorporarlas a la crema.

◉ Llevar otra vez al fuego y remover continuamente hasta que espese. Dejar enfriar y llevar a la heladera.

◉ Hacer un caramelo oscuro con azúcar y agua. Volcarlo sobre una fuente plana enmantecada y esperar que solidifique. Romperlo en trozos pequeños y mezclarlo con la crema.

◉ Colocar la preparación en la heladora 1 hora, aproximadamente.

◉ Servir el helado con praliné de almendras, nueces y avellanas por encima.

PALABRA DE CHEF

Con la crema catalana se hace de todo: ¡hasta helado! Prometo que en otra ocasión le daré más opciones insospechadas para saborear esta auténtica exquisitez (por ejemplo, un gratinado de frutas del bosque).

GATÓ

INGREDIENTES

Almendras molidas,
250 gramos

Azúcar, 250 gramos

Huevos, 3

Ralladura de 1 limón

Canela

○ Combinar todos los ingredientes. Batir en batidora de 20 a 25 minutos.

○ Poner la preparación en un molde enmantecado y cocinar en el horno a 180°.

○ Desmoldar y dejar enfriar.

MEL I MATÓ (miel y ricota)

INGREDIENTES

Ricota, 400 gramos

Crema de leche,
2 cucharadas

Miel, 100 gramos

Nueces, 100 gramos

○ Mezclar la ricota con la crema y parte de la miel.

○ Distribuir en cazuelitas individuales de barro. Rociar por encima con la miel restante y esparcir las nueces en trocitos.

DE TIERRAS SOLEADAS

En España llamamos requesón a la ricota, protagonista de esta delicia supersencilla que queda aún más apetitosa si se prepara en el momento de servirla.

Pan con vino y azúcar

1 PORCIÓN

INGREDIENTES

Pan de campo,
1 rebanada grande
Vino tinto
Azúcar negra

◎ Empapar la rebanada de pan en el vino y espolvorearla con el azúcar.

◎ Este preparado es común a la hora de la merienda.

Pudding de ensaimadas

8 PORCIONES

INGREDIENTES
Ensaimadas, 3
(página 204)
Leche, 1 litro
Huevos, 6
Azúcar, 200 gramos

◎ Desmenuzar las ensaimadas. Mezclarlas con los demás ingredientes.

◎ Acaramelar el fondo de un molde y colocar la mezcla. Hornear a 180°, a baño de María, durante 1 hora.

◎ Desmoldar y dejar enfriar.

◎ Se puede servir con crema de leche batida alrededor.

ENTRE NOS

Si quedan ensaimadas de un día para otro, la textura no se mantiene perfecta... así que se utilizan para hacer budines. Copie la fórmula cuando quiera aprovechar medialunas sobrantes.

PASTISSETS DE TORTOSA
(pastelillos de Tortosa)

80 UNIDADES

INGREDIENTES

Harina, 1,250 kilo

Vino dulce (vino de misa o mistela), 400 cc

Anís dulce, 100 cc

Aceite de oliva, 400-500 cc

Canela, 1 cucharadita

Cáscara de 1 limón

Mermelada a elección

Huevo para pintar

⊚ Mezclar la harina tamizada con el vino dulce, el anís y el aceite de oliva (la cantidad de éste depende de la humedad de la harina). Perfumar con la canela y la cáscara de limón, sin la parte blanca y bien picada. Hacer una masa lisa y no demasiado pesada.

⊚ Estirarla con palote de un grosor de 2 mm, aproximadamente. Cortar discos de 6 a 8 cm de diámetro.

⊚ Doblar los discos por la mitad y unir los bordes sólo en los extremos, dejando abierta la parte central. Aplastar ligeramente, para que queden como barquillos. Colocar mermelada en el interior.

⊚ Pintar con huevo y llevar al horno a 150-160°, hasta que se cocine la masa.

DE TIERRAS SOLEADAS

Hay muchas maneras de preparar pastelillos catalanes. Ésta es una receta excepcional, típica de la bella ciudad de Tortosa.

TORTA DE CHOCOLATE CON ALMENDRAS

6 PORCIONES

INGREDIENTES

Chocolate semiamargo, 360 gramos

Manteca, 90 gramos

Huevos, 3

Azúcar, 120 gramos

Esencia de vainilla

Harina, 60 gramos

Almendras, 120 gramos

◉ Picar el chocolate. Reservar 1/3 y derretir el resto junto con la manteca.

◉ Batir los huevos con el azúcar. Perfumar con la vainilla. Agregar el chocolate derretido. Incorporar la harina, el chocolate picado que se había reservado y las almendras fileteadas y tostadas.

◉ Volcar en un molde (o en varios individuales). Cocinar en horno suave, de 15 a 20 minutos.

TORTELL DE CABELLO DE ÁNGEL

6 PORCIONES

INGREDIENTES

Masa de hojaldre

Cabello de ángel (mermelada de cayote)

Huevo, para pintar

Azúcar impalpable

◉ Estirar la masa de hojaldre dejándola de 1/2 cm de espesor y cortar un rectángulo de 15 por 40 cm.

◉ Colocar la mermelada formando una franja en el centro, a lo largo. Pintar con huevo la mitad del contorno y doblar la masa encerrando la mermelada.

◉ Hacer 4 ó 5 cortes en el borde, como si fueran crestas. Unir las puntas con huevo, formando un roscón.

◉ Apoyarlo sobre una placa enmantecada. Hornearlo a 160°.

◉ Cuando esté casi cocido, retirarlo y espolvorearlo con azúcar impalpable. Volver al horno para que se dore y termine de cocinarse.

◉ Servir frío, con crema batida.

TOCINILLO DEL CIELO CON SALSA DE FRUTAS

INGREDIENTES

TOCINILLO
Azúcar, 350 gramos

Agua, 200 cc

Yemas, 6

SALSA
Frambuesas o frutillas,

200 gramos

Azúcar, 100 gramos

COMPLEMENTOS
Pan del día anterior,

6 rodajas chicas

Leche

Harina

Huevo, 1

Aceite de oliva

TOCINILLO
⊚ Preparar un almíbar con el azúcar y el agua. Cocinar unos 10 minutos, hasta que tome punto de bolita. Dejar enfriar.

⊚ Batir las yemas. Añadir poco a poco el almíbar frío (reservando una pequeña cantidad). Colar.

⊚ Pincelar moldecitos con el almíbar reservado. Repartir en ellos la preparación. Hornear de 8 a 10 minutos.

⊚ Retirar, dejar enfriar y desmoldar.

SALSA
⊚ Macerar las frutas con el azúcar durante 1 hora. Licuarlas con el jugo que hayan soltado.

COMPLEMENTOS
⊚ Descortezar las rodajas de pan y mojarlas con leche. Dejar que se impregnen y, si es necesario, escurrirlas apenas. Pasarlas por harina, huevo y harina.

⊚ Freírlas en abundante aceite de oliva. Escurrirlas sobre papel absorbente. Repartirlas en los platos.

⊚ Colocar un tocinillo sobre cada rodaja de pan. Acompañar con la salsa de frutas y, si se desea, completar con crema inglesa.

Índice

Aves

Setas y verduras

ARROCES Y PASTAS

SOPAS